裂变

FISSION

Compulsory Course of Future Brand

未来品牌必修课

贾晓轩 张芊 著

中国人民大学出版社
·北 京·

FISSION

序言

未来品牌的无限可能

每年，我们与我们的团队都会深度接触若干品牌，它们遍布中国经济的每个行业，形态各异，比如集团品牌、产品品牌、服务品牌、区域品牌等。有老字号的传统品牌，有目前如日中天的知名品牌，也有寂寂无名的初创品牌……我们和客户共同完成过许多品牌的顶层建设——品牌战略规划，也深入过一线销售，测算市场容量、产品利润并制定销售方案；我们全面参与客户战略规划、经营管理的细节；我们主导完成了包括国务院国资委、地方国资委、地方政府等组织的相关课题研究工作。

当时间和经验赋予我们同时拥有宏观观察及微观观察的能力时，我们发现，国家的方方面面正在经历千变万化。而在商业领域的变化中，品牌拥有最迷人多变的面孔，也拥有坚守不变的初心，在这片瞬息万变的土地上呈现出最传统与最先进并行的姿态。

在管理学界，品牌理论大多出自西方：品牌形象论、定位理论、品牌资产理论、品牌关系理论……时至今日，这些理论和方法论工具仍然是企业和咨询公司的决策依据。而同时，中国历经多年的发展，涌现了太多的经济奇迹，也伴生了诸多无法用常规理论去判断的模式，点状的理论思路已经不能覆盖企业的需求。因此，在咨询过程中，我们为客户量身定制品牌战略。这是基于企业战略而生的子战略，解决的是市场、利润、品牌的系列命题，但这样的命题也在演进：市场的切分维度在改变，渠道正在变得分散多元，消费者产生圈层隔离，产品同质化不断加强……市场环境的变化导致品牌战略甚至已经成为许多消费类企业的战略核心，并持续更迭新的塑造路径和方法。

在这些年的品牌战略实操过程中，“品牌势能”和“品牌价值”这两个新型的品牌要素逐步成为我们观察的重点。随着部分产业边界被技术打破，企业的生死并不仅系于行业内部竞争、政策变化，所以我们看到了柯达的对手是数码相机，腾讯对运营商产生了冲击，阿里切入了物流，支付宝冲击了银行……跨赛道的竞争正在发生。面对四面八方的劲敌，要如何守好阵地、拓展出击？

我们相信，一切都有源点。

企业的源点来自核心竞争力，它主导了企业的竞争能力、护城河深度、生存周期等。在如今的市场环境中，具备核心竞争力只能维持企业的正常发展，却不能主导企业的版图拓展。以品牌为载体所形成的品牌势能正在逐渐成为未来发展的关键要素。它具备核心竞争力所拥有的一切要素，但同时也需要可复制、可流动这样的特殊属性；它不再以特性产品为载体，而是兼备能够在其他产品和载体上应用、复制、输出的能力。

它是流量、研发、产品设计、供应链、管理能力、资本……的科学组合，是一个企业所保有的最宝贵的资产。这样的资产决定了一个企业最终的形态和规模大小。

因为，它决定着裂变的量级，由一个点出发最终形成繁星点点的整个宇宙。

企业需要建立品牌势能，品牌势能的释放却要匹配一系列模式，其中紧要的问题就是品牌价值是什么。传统的价值评估方法会以产品为载体考核品牌对企业带来的利润，然而品牌价值代表着更多，有些品牌也许并不赚钱，甚至需要耗费高昂的成本去维护，却可以带来巨大的流量哺育其他业务，或者是成为产业链条中的重要节点，牢牢把握整条供应链。不同的品牌价值带来的实际上是不同的战略思路，只有厘清价值，才能找到品牌势能的释放思路：如果“我”的品牌势能依赖于技术而生，而“我”的品牌价值可以让产业链伙伴产出的成果更优秀，那么“我”的势能释放最佳路径就是做行业供应链的整合者。

厘清品牌价值是厘清品牌战略思维的必要项，裂变则是品牌战略的呈现路径。

越来越多的品牌试图去改造自己符合年轻消费者的需求，然而成功者寥寥。除了改造品牌，更好的途径是裂变和释放：找到自己的品牌势能，在其他产业释放，产生裂变。

海底捞除了门店业态，将品牌势能释放在预包装食品上。

小米除了手机，将品牌势能释放在不同的硬件领域。

海尔除了传统家电，利用品牌势能孵化了雷神。

腾讯的流量来源奠定了其在游戏行业巨无霸的地位。

…………

有积累的品牌，裂变就是一条新生的途径，是依据品牌势能、沿着产业脉络、再造二次辉煌的过程。

无积累的初创品牌，裂变则是迅速开疆拓土的利器，是锁定消费者、依据消费者需求、塑造产业版图的手段。

甚至，在传播成本高居不下的今天，裂变可以成为品牌传播中撬动巨大传播效应的杠杆，举个小例子：

经过各类微博对明星资源的争夺，大家都懂得了名人效应的重要性，但是在商业领域，乐蜂网的实践落地走在了前端。在乐蜂网独立运营时，就已经开始着手打造“达人模式”，这种“达人模式”的基本逻辑就是一种基于品牌势能的“裂变”，每一个“达人”的塑造路径都是可复制的模板，而通过对“达人”势能的释放将会直接形成对若干不同产品的快速销售和口碑效应，这种模式主导下基本没有传统的广告投入。依稀记得，当时一个单品 5 000 万元左右的销售额只投入了不到 15 万元的传播费用，而这些费用主要用在后来被内部诟病的产品单页上。虽然乐蜂网因为种种原因目前发展形势不及其他美妆网站，但在当时的确是开创了独特的发展模式。

《裂变》是我们与同事基于常规的品牌理论基础，结合十数年的品牌战略咨询实操经验写就的。我们历经长达三年对中国商业的观察过程，通过咨询思维解构方法论，深度分析了百度、阿里、腾讯、小米、乐视、海尔、索尼等传统巨头和新兴巨头的内在发展逻辑，并结合一手咨询实战经验，从产业、经营、消费者、品牌等多个维度，建立适应互联网冲击的、新商业环境下的品牌方法论和生态圈运营逻辑，让无论是处于新兴行业还是传统行业的经营者都能理解和运用生态品牌的建设逻辑，从而建立起领先的品牌模式，在市场中攻城拔寨。

贾晓轩　张芊

FISSION

目录

第 2 篇 现在：品牌正在无声改变

第 3 篇 面对挑战，如何构建品牌生态圈

第1篇

过去：你所谈论的品牌是什么

FISSION

Compulsory Course of Future Brand

人人都在说品牌。究竟什么是品牌？根据现代营销学之父菲利普·科特勒（Philip Kotler）在《市场营销学》中的定义，品牌是销售者向购买者长期提供的一组特定的特点、利益和服务。长期以来，我们认为“品牌”是具有经济价值的无形资产，是通过各种外显标准和内在文化产生的识别体系。

半个世纪来“外显”“内在”两个词影响了大批企业家的从商理念。品牌形象论、品牌定位论、企业文化等名词“霸占”品牌书多年。那么，这么多年来我们究竟是如何理解品牌的？这些理解是否过时了？这一篇就让我们来看看这些经典的品牌理论，分析一下为什么我们需要新的品牌思维！

01

半小时领会品牌大师的毕生绝学

从奥美提出的品牌形象论，到因加多宝而风靡全国的品牌定位理论，管理学大师们所缔造的各种品牌理论，在改革开放 40 年的市场经济中被不断地应用于实践。而当品牌逐渐被认为是商品高溢价的驱动力时，人们又开始重新讨论：到底什么是品牌？

从 1948 年到 2018 年，70 年品牌之路

说到品牌理论的诞生，奥美集团是不得不提的。1948 年，广告大师戴维·奥格威（David Ogilvy）创立了奥美集团。短短 70 年间，奥美从仅拥有两个员工的小公司成长为全球八大广告事业集团之一，现拥有 450 个分支机构，分布在 120 个国家和

地区，为众多世界知名品牌提供全方位传播服务。奥美也是最先提出相对完整的品牌理论的集团，它关于品牌的认知、对于营销的理解都对后来者产生了巨大的影响。

20 世纪 60 年代，奥美公司提出了品牌形象论，这是第一次有人将品牌与消费者心理相结合，从此品牌进入拟人化的时代。品牌形象论侧重从品牌定义、命名、标识、商标等方面对品牌的内涵和外延进行规范研究，注重通过广告传达感性利益。奥格威认为，品牌形象不是产品的固有属性，而是顾客根据产品的质量、产地、价格、历史等，从内心产生的一种产品形象塑造。可以说，消费者购买的不只是产品，还有心理上的利益。

关于品牌形象论，最出名的应用者大概就是著名的博柏利（Burberry）了。作为英国百年皇家品牌，拿下当红小生吴亦凡首秀的博柏利自 1999 年牵手超模凯特·穆斯（Kate Moss）后，演绎了无数的时尚大片，但很多人不会想到，曾经在很长一段时间里它被视为“老年人”品牌。这主要是因为其品牌形象树立上的失败，比如主打经典格子纹、全球授权经销商销售、代言人太正经没活力等。到了 20 世纪 90 年代，博柏利在市场上呈现出老态龙钟的形象。1997 年，罗斯·玛丽·布拉沃（Rose Marie Bravo）担任公司首席执行官（CEO），开始大改这个老品牌的旧形象。她先后请来罗伯托·麦尼切蒂（Roberto Menichetti）与克里斯托弗·贝利（Christopher Bailey）担任设计总监，请摄影师马里奥·特斯蒂诺（Mario Testino）为超级名模斯特拉·坦南特（Stella Tennant）与凯特·穆斯拍摄广告大片，使品牌呈现出既高贵又个性十足的风格。同时，她收回零售授权，改为实行直营专卖店制度。更为重要的是，博柏利将经典的格子纹印在面料背面，使之看起来更加经典、优雅，同时符合年轻人的审美观念。这些措施让传统英国的尊贵个性与生活品位得以延伸，使博柏利在新世纪又一次回到奢侈品一线的位置。可见，一个品牌的形象决定了它的市场。

事实上，品牌形象论脱胎于20世纪50年代流行的品牌个性论，它们的共同点是让品牌更加私人化、情感化。到了80年代，阿尔·里斯（Al Ries）和杰克·特劳特（Jack Trout）提出定位理论，拓展了品牌的能动性。

品牌定位论以占领消费者心智为首要目标，树立独特的品牌形象，以“打造品牌”为中心，以“竞争导向”和“消费者心智”为基本点，主要手段包括细分市场定位、品类定位、价格定位、形象定位、人群定位、渠道定位等。品牌定位的依据是人只能接受有限度的感觉，超过某一点，脑子就会一片空白，拒绝发挥正常的功能。所以，品牌必须将自己的特点、功能、形象都压缩在一定范围内，为自己的产品塑造一个最能打动潜在顾客的形象才是唯一明智的选择。简而言之，定位就是致力于在消费者心目中占据一个独特而有价值的位置，成为消费者心目中某品类或特性产品的代表品牌，从而迅速影响消费者的购买选择。当消费者产生相关需求时，就会想到并选购该品牌，比如中国的加多宝、美国的万宝路等。

加多宝的前身为王老吉凉茶，在品牌扩张至全国的过程中，遵循了确定品类、切入差异化细分市场、成为领导品牌的品牌定位之路。首先明确品类宗属，由“药饮”转化为饮料品类中的细分“凉茶饮料”；随即推出主力销售产品“红罐”，形成品类的联想及认知，抢占消费者心智，不断注入营销概念（怕上火、最畅销的罐装饮料、凉茶始祖等），巩固品类中领导品牌的形象；继而推动全品类成长，利用多个品牌推动市场，使份额不断扩大。加多宝的成功不能简单归结为“怕上火喝王老吉”，还有其背后步步为营的品牌战略的推动。

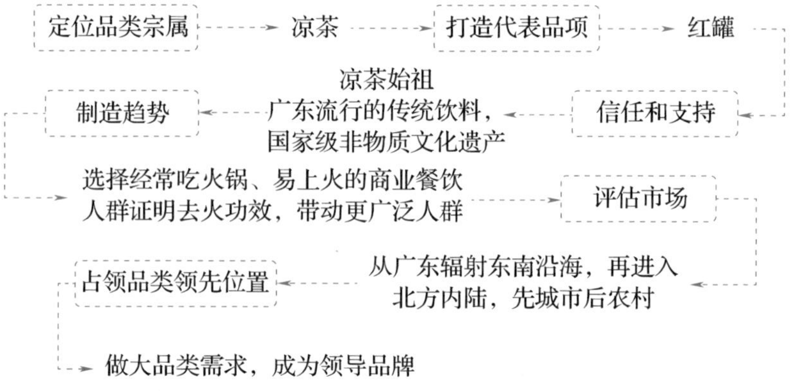

如果说加多宝的成功是因为准确定位了品类，从厮杀激烈的饮料市场中拼出一条血路，那么万宝路的成功则是因为准确定位了自己的消费者，精准地把握了他们的消费心理。在诞生之初，万宝路是一款女士香烟，它的定位是“Men always remember love because of romance only（男人只因浪漫而牢记爱情）”，这句英语的首字母缩写正是万宝路的品牌名称

（Marlboro）。然而，这样的定位显然不符合美国当时的国情，因为女性并不是当时香烟最主要的消费者，万宝路将品牌定位为“女士爱抽的香烟”直接导致其销量平平，男士也望而却步。1954年，洗去脂粉气的万宝路以牛仔男性香烟的定位再度出发，拍摄男性荷尔蒙爆棚的牛仔广告，迅速攻占市场，一跃成为销量第一的香烟品牌。许多男性称，自己每天都要拿出香烟来，仅仅是为了展示自己的男性气质。这就是品牌定位的重要性——在正确的位置争取正确的客户。

如果说从品牌形象到品牌定位是品牌理论从被动到主动的进步，那么到品牌资产理论就是从表象到实质的展现。事实上，早在20世纪80年代就有人提出品牌价值的概念，到了90年代，戴维·阿克（David Aaker）等人逐步提出并完善了基于消费者的品牌权益（customer-based-brand-equity）概念。这就是后来的品牌资产。

品牌资产（brand equity）是与品牌、品牌名称和标志相联系，能够增加或减少企业所销售产品或服务的价值的一系列资产与负债。它主要包括5个方面，即品牌忠诚度、品牌认知度、品牌知名度、品牌联想、其他专有资产（如商标、专利、渠道关系等），这些元素组成了一个品牌的“实质”价值，有时还包括品牌溢价能力和品牌盈利能力等。可以说，从90年代起，品牌已经从一个抽象的无形概念演变为有价值的、实质性的资产、商业概念——它被资产化了，可估值。可以说，品牌被渐渐“类实体化”。

1998 年，汤姆·邓肯（Tom Duncan）提出品牌关系论，将品牌放在一个关系链条中进行讨论。他用“价值范畴”代替“价值链”的品牌关系来研究新模式。这一阶段，生态学和品牌学开始出现交叉，品牌生态学萌芽。邓肯引入了“关系利益人”的概念，认为“整合营销传播指企业或品牌通过发展与协调战略传播活动，使自己借助各种媒介或其他接触方式与员工、顾客、投资者、普通公众等利益相关者建立建设性的关系，从而建立和加强他们之间的互利关系的过程”。也就是说，品牌通过与消费者和利益相关者进行有价值的沟通塑造品牌关系，并维护和强化这种关系的永久价值。这其中就涉及我们常说的营销概念、公关概念等。品牌就此上升到一种链条、环境，以及战略的概念。邓肯的理论认为：管理的重点应从生产转向营销，在企业与顾客之间建立良好的品牌关系，并寻找最佳的品牌接触点，以这个最佳的品牌接触点为基础创造企业与顾客之间的关系价值。

历史告诉我们，品牌理论的进化是从封闭到开放、从个体到群体、从故步自封到交融互动，它的进步成就了许多世界级的大品牌，缔造了一个又一个营销神话。就此，与消费者打心理战、从消费者角度出发做品牌的传统达到了顶峰。

从得人心到得产业

从 70 年的品牌学理论发展中不难看出，在传统意义上，做品牌当以“攻心”为主，以“攻眼”为辅。意思是，抓住消费者的心理、情绪是品牌建设的首要目标，而广告、标语等可视化方式则是其辅助手段。企业通过一系列的产品特征吸引消费者，然后在已有的品牌关系的基础上，从顾客的角度出发，实施相关策略，让顾客感到企业的所作所为都在为顾客着想。实施这一连串的措施之后，顾客的心理防线将自然解除，对品牌的忠诚将日渐加深，久而久之便达到极度忠诚的境界。可以说，这70年来，所有人都明白一个道理——得人心者得天下。

然而不可否认的是，盲目推崇传统品牌理论让许多企业走火入魔，最后舍本逐末，得不偿失。品牌形象、品牌定位、品牌资产等品牌学说都在设置买方市场与卖方市场的边界，是因为沟通环境导致其过度依靠渠道及广告；而品牌关系理论则提出品牌与消费者之间是可以存在类似人和人之间的亲密关系的，但这种理论没有涉及产业与产业之间的关系、产业与资本之间的关系。在互联网快速发展的今天，在产业融合成为大趋势的时代，仅仅靠得人心是不够的。

显然，这个时代，品牌需要和产业、价值链紧密相连，三鹿奶粉就是在价值链崩盘中品牌价值灰飞烟灭的反面教材。可以说，三鹿的成长史就是中国奶粉行业的发展史，经过50多年的发展，三鹿经历了合作制阶段、饲养场阶段、工厂制阶段、公司制阶段、联合体制和企业集团体制阶段，连续多年被评为最具竞争力的国产品牌。“中国驰名商标”“中国顶尖企业”这些荣誉象征着其巨大的品牌价值。然而，2008 年，供应链上的不法奶农在产品中掺入三聚氰胺，让整个品牌陷入不可挽回的劣势境地。价值链出现问题后，品牌全面瘫痪，品牌价值荡然无存。三鹿的品牌形象原本做得很好，但价值链一出问题，品牌就跟着遭殃。由此可见，三鹿集团的品牌在整个商业生态中由于单一而显得脆弱，由于不稳固而不堪一击。

那么，什么是品牌的价值链？为什么有些品牌的价值链如此脆弱？1985 年，哈佛大学商学院教授迈克尔·波特（Michael Porter）提出："每一个企业都是在设计、生产、销售、配送和支持其产品的过程中种种活动的集合体。所有这些活动可以用一个价值链来表明。"也就是说，企业的价值创造是通过一系列活动完成的，这些活动可分为基本活动和辅助活动两类，基本活动包括内部物流、生产作业、外部物流、市场和销售、服务等；而辅助活动则包括采购、技术开发、人力资源管理和企业基础设施等。这些互不相同但又相互关联的生产经营活动，构成了一个创造价值的动态过程，即价值链。可见，维系品牌本质价值的，往往不是我们看到的广告、标语、标识（Logo），而是不断流入的上游、不断流出的下游，以及品牌衍生出来的分支。

试想，一个单一垂直传递的品牌价值链，一旦某一环节出现问题，那么整条链子一断，珠子散落一地，自然就容易崩盘；如果品牌的价值链是多元对接的，有许多上游、许多下游、许多分支，那么即使一条断裂，其余的价值链依然会发挥作用，品牌价值并不会受到严重的损害。

所以，人心易得也易失，产业链难打造却坚不可摧。只有把价值链丰富成产业链，品牌才能固若金汤。

在这一点上，苹果公司算是市场中的佼佼者。苹果公司由史蒂夫·乔布斯（Steve Jobs）、斯蒂芬·沃兹尼亚克（Stephen Wozniak）和罗恩·韦恩（Ron Wayne）于1976年4月1日创立，原名为美国苹果电脑公司，2007年1月9日更名为苹果公司，总部位于加利福尼亚州库比蒂诺。1980年，苹果公司公开发行股票上市。2012年8月21日，苹果公司的市值达到6 235亿美元，打破了微软创造的纪录。苹果成为有史以来市值最高的公司，并连续多年成为全球市值最大的公司。2013年，在广告巨头宏盟集团（Omnicom）旗下的品牌咨询机构Interbrand[①]发布的“全球最佳品牌”报告中，苹果公司击败可口可乐，成为世界最有价值品牌；2014年，苹果击败谷歌，成为世界最具价值品牌。那么，苹果究竟做了什么，竟然完成品牌的三级跳？

创立之初，苹果是一个销售硬件产品的生产型公司，品牌价值完全依赖于它的电脑、MP3等。从1998年推出的个人计算机iMac、2001年推出后风靡全球的音乐播放器iPod，到2006年一经问世便好评如潮的MacBook，再到2007年引爆业界革命的iPhone、2010年开创历史先河的平板电脑iPad，

① Interbrand成立于1974年，是全球最大的综合性品牌咨询公司，致力于为全球大型品牌客户提供全方位一站式的品牌咨询服务。Interbrand的客户群体覆盖约2/3的全球《财富》100强公司。

苹果一直以“引领者”的角色推动整个移动互联网产业的发展。然而，硬件上的多样性使苹果公司成为行业制造者中的佼佼者。

“苹果成功的秘密在于把最好的软件装在最好的硬件里”，事实上，苹果真正的伟大之处就在于它发明了软件、硬件和服务相结合的新生代商业模式，正是这种模式，让它不仅确立了终端领域的领导地位，更在整个移动互联网生态环境中牢牢把握住主动权。苹果公司 2001 年推出 iTunes，2008 年又推出 App Store，虽然这些平台都是为硬件服务，但是它们成功地让苹果公司从一个机器销售商转向搭建媒介平台来赚取佣金的公司，这就是苹果公司与消费者的另一条价值链，也是它与音乐公司、软件公司的一条价值链。iTunes 与 App Store 也成为苹果品牌下最强有力的分支之一。因此，越来越多的企业改变了盈利的着眼点——由传统的制造加工转向从产业需求与供给之间的连接点中寻求盈利契机。

生态圈来临，强者抢滩登陆

如今的市场是一个复杂的战场，消费不断升级，信息传递方式多种多样。从互联网到移动端，从个体到族群，品牌不仅与产品销售有关，而且关系到企业的走向，所以站在战略的高度设置品牌成为企业必须关注的问题。企业战略的设计要关注产业、关注趋势，因此品牌与产业、需求趋势的融合将是企业未来发展的首要命题。

这些话听起来有些生涩，但如果以我们熟悉的大自然为例，一切就容易理解了。我们把市场比作大自然，那么许多相互关联的品牌就构成一个相互影响、相对稳定的生态系统。生态是最稳固的，养活了系统中的所有平台和独立的产品、内容、服务，每一个部件都有自己独特的位置和功能，养分从生态的一部分向其他部分流动，最终可能供给更高阶的生态或者当前生态体系本身。这样就可以保证整个系统生生不息。而品牌生态学就是指“研究品牌系统（包括单个品牌、同类型品牌组成的种群、不同类型但相互联系的品牌组成的群落等）与商业环境系统之间相互作用的规律的科学”。

世界营销管理大师菲利普·科特勒认为，“品牌是有生命力的，是有灵魂的，在市场中具有无限的灵性”。也就是说，在市场这个大自然中，品牌是一个生命体，具有生长、发育、繁殖、衰老、死亡以及新陈代谢、遗传、变异、进化、感应、运动等特性，而要想利用这些特性，管理者就必须从生态学的角度审视品牌的生命历程及其与周围环境系统之间的互动关系。品牌种群要做多大？品牌分支应该有多少？这些都成为品牌生态学要解决的问题。

那么，品牌生态圈一定是越大越好吗？其实不然，这个圈子究竟要多大，有哪些成分，用何种关系连接，事实上都取决于品牌自身的定位，所在的大时代、大环境，以及企业自身的优势和资本。曾得益于传统品牌理论的博柏利在品牌生态的发展中也有过或进或退的尝试。

在漫长的发展过程中，博柏利曾拥有 London、Brit、Prorsum 三大子品牌——分别对应正装、休闲、走秀三种不同风格，还有一些运动系列等。Prorsum 创建于 1904 年，定位于追求时尚的高端客户，它的历史甚至比一些奢侈品牌还要悠久。2015 年，博柏利首席执行官兼首席创意官克里斯托弗・贝利宣布，为突出品牌的英伦根基，三大副线品牌于年底并入主线品牌，所有产品线由伦敦的同一个设计团队打造。事实上，之前博柏利一直坚持多品牌战略，就是为了创造一个属于博柏利的品牌种群。

不过，当这个种群分散了成本、分流了客户时，博柏利选择保卫自己的核心价值，让品牌战略保持统一。贝利在关闭副线的同时开发了新的种类品牌，在伦敦的旗舰店开设了一家咖啡厅，用的是博柏利创始人的名字——托马斯（Thomas）。显然，这是符合博柏利气质同时又拓展博柏利生态圈的做法——他要打造一个博柏利的品牌群落，其中不仅包括服装、餐馆，甚至还有家具、自行车、电子设备等，将博柏利于时尚领域积累的势能在其他领域进行释放。这种做法不仅增强了企业的盈利能力，而且使企业与消费者保持紧密的连接和黏性，从而能够更好地吸纳新的消费者，巩固老客户对品牌的忠诚度。

博柏利的这种收或放体现的是一个健康品牌的适应能力和延展能力，也是它处在生态圈中不断经历优胜劣汰的生命力。事实上，品牌系统是一种远离平衡状态的开放系统，它能够通过不断地形成新性质或新功能来适应外界的挑战或改变。这个系统由环境、企业、供应商、中间商、顾客、公众、相关组织与群体等成员组成，各个成员依赖品牌获利而生存与发展。而品牌就在与这些成员的交往与交流中不断升值，最终达到一个健康稳定的状态。能做到在各个成员中收放自如，既能养育子品牌，也能靠子品牌或者其他成员维持自身发展的品牌，就是市场这个大自然里的强者。

02

熟悉的正在死去，正在蜕变

互联网技术的狂潮改变了传统的市场环境，最显著的就是新渠道、新模式兴起，以及消费者因圈层细化而消失在市场中，原有的“大媒体”“大手笔”无法准确地传达给消费者，而越来越多的消费者开始关注自身，从“我用什么 – 我是谁”转化为“我是谁 – 我要用什么”。

迈进新时代，需要多久？

品牌建设及传播的环境已经发生了变化，其中最显著的特征是，出现更精细的消费者群体划分，他们被打散成为封闭的圈层、社群。

其实，圈层、社群并不是新词，各种群体早已出现。举个最简单的例子，随手打开某个电商网站，你会发现各种营销主题：母婴、白领、居家轻奢等。相对应地，消费者也被如此划分为不同的群体。但最初，这些群体内部少有交流。比如你在星巴克买了一杯咖啡，和朋友聊完天，或者打开电脑完成工作后，便匆匆离开；再如你去优衣库挑好一件衣服，在收银台结账后就转身离店。在传统群体中，顾客间很难建立长久有效的沟通与联系。

但如今情况发生了转变。当人们喜欢同一件产品、认同其背后的精神价值时，大量的交流沟通随之产生。以此为基础，活跃度更高的真正的圈层和社群便形成了。

消费群体的这种变化有四个核心内容是我们需要注意的。第一，消费者不愿意再吃品牌大锅饭，他们拒绝“一锅端”被营销，圈层属性不强的产品将越来越落寞；第二，品牌出现的圈层像细胞一样产生自然裂变，社群形成后将会逐渐扩大，吸纳新成员加入，社群壮大后变得更加活跃，又进一步吸引更多成员，形成良性循环；第三，圈层内部沟通效率极高，大家三观一致，极易形成共生的小生态；第四，小生态中文化壁垒高，发生了什么很难被企业知晓，只有加入这个小生态才能深入其中，所以圈层与社群具有封闭性。

消费者变化以及生态社群产生的主要原因是，信息沟通方式从大众层面的重度垂直转向了圈层内的互动。互联网的高速发展颠覆了消费者的信息接收方式。一方面，互联网打破了地域局限，从而使得以地域坐标为消费群体划分标准的格局被打破。换言之，互联网为圈层和社群的诞生提供了技术基础——对同一件产品的喜爱成为社群建立的主要原因，地域差异将不再成为障碍。另一方面，逐渐成为消费主力的80后、90后群体由于物质生活不断丰富，更注重精神需求和精神交流，进而产生内部沟通，形成生态社群。

在生态圈的发展中，出现以下几种类型：（1）以产品、品牌为承载物的圈层，如果粉、米粉、绿城粉等，具有明显的产品消费倾向性，对产品的外观、功能性进行价值判断；（2）以兴趣爱好为承载物的圈层，如B站（哔哩哔哩（bilibili））、晋江文学城、知乎等，没有特定的消费倾向性；（3）以社会属性作为分隔的圈层，具有明显的消费倾向性以及一致的消费特征。

核心属性	消费特点	代表群体
产品、品牌	具有明显的产品消费倾向性，对产品的外观、功能性进行价值判断，并对品牌具备忠诚度	果粉、米粉、绿城粉
兴趣爱好	没有特定的消费倾向性	哔哩哔哩、晋江文学城、知乎
社会属性	具有明显的消费倾向性以及一致的消费特征	

无论原因如何，如此变化显然为企业的品牌塑造提供了新的思路。

回望过去，传统品牌从命名、定义到传播再到延伸与优化，所有动作的重心都在企业端，由企业决定品牌的塑造方向，再通过一系列主动营销手段传达至客户端。如今，重心早已转移到客户端。

此前，传统品牌建设的发力点集中在塑造产品功能利益和品类定位上。如国际知名公司宝洁，仅洗发水系列就有去头屑、滋润、防脱发等多种产品，也就是从不同功能利益出发来进行品牌塑造。而从品牌传播来看，多为无差别的传播——央视广告标王就是一种无差别传播，即买下黄金时间段在电视台滚动播放广告。1994 年，首届央视广告招标大战中，孔府宴酒以 3 079 万元夺得“标王”。1995 年，随着“喝孔府宴酒，做天下文章”电视广告的播出，这家并不知名的企业一时间为全国观众所熟知，跻身白酒行业三甲。但到了 2015 年，某 P2P 公司利用同样的手段，花了 3.695 亿元成为当年的“标王”，效果却远不如 20 年前的孔府宴酒。由此可见，一掷千金的无差别传播已成明日黄花。

那么，什么叫“重心转移到客户端”？什么叫品牌的“差别传播”呢？多元化互动是两者的共通点。我们看到，由于消费者社群产生并固化，以及社群经济产生，品牌塑造应转化为社群建设和注重消费者的培养。生态型品牌在初创时就将品牌塑造的重心放在用户端，在坚持某一特定价值观的基础上将品牌交予消费者进行发育和培养，真正将品牌所有权交予消费者，形成品牌生态。

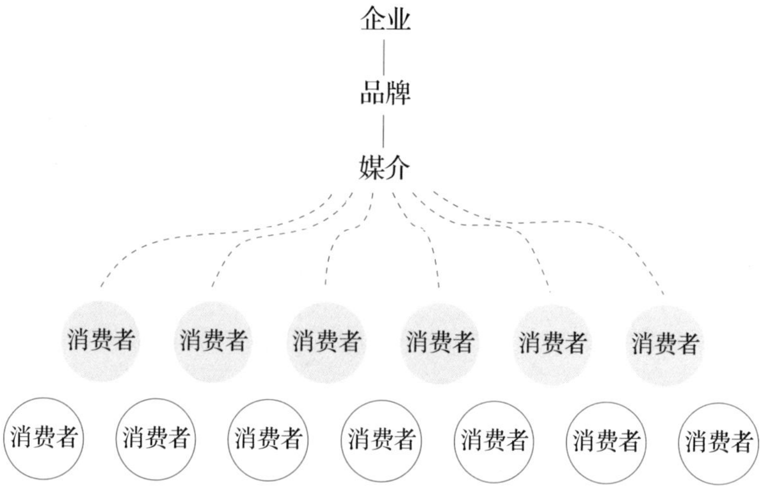

被动传递

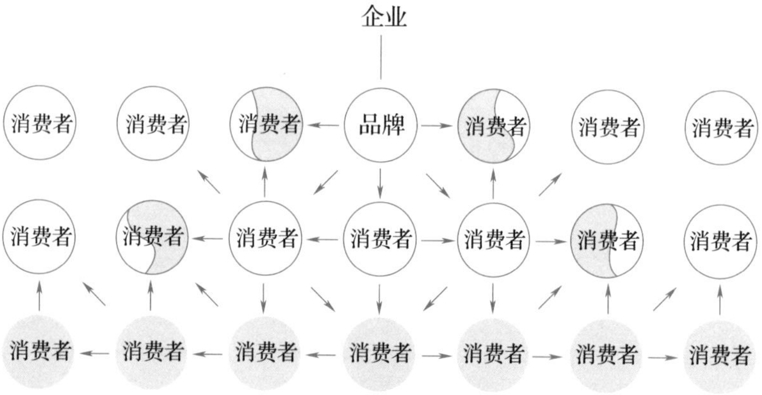

自然渗透

在价值塑造上，利益价值转化为核心价值。核心价值可以表示为“商业精神”“品牌文化”等关键词。例如可口可乐的品牌价值是乐观向上，麦当劳会让你想到“尝尝欢笑”，特斯拉强调高效环保，香奈儿的品牌理念则是高雅、简约、精美，塑造这些核心价值时应当着力去挖掘目标圈层用户背后的精神共性，当利益价值驱使消费者尝试购买后，核心价值的精神意义则是将其从“路人粉”转化为“脑残粉”的关键。

总之，品牌塑造应“从因为产品而关注人发展到因为人而关注产品”。这意味着，“新品牌”时代已经来临。

对抗层出不穷的新品牌，需要战略级的战役

社会进步让我们的世界进入一个崭新的时代。既然“新品牌”时代带来的改变不可避免，那么我们该如何应对？

首先，企业在塑造品牌的过程中，必须抛弃原有的点状思维。换言之，品牌塑造不再是一个独立的平面学科，我们应该从更宏观的角度，从公司或集团战略决策的高度来审视。注意，战略是重点。所以，你正在阅读的这本书或许在书架上不再归类为“营销”(marketing)学类，将它摆放在“战略”(strategy)学类更合适。

其次，我们需要从“对内”与“对外”两方面，具体看看“新品牌”时代品牌塑造的战略布局。

对内，战略性思维的品牌理念要像血液一样在企业的各个部门岗位中渗透、流动，做到人人都有品牌意识。

在一家企业内，市场、营销等传统品牌部门，与科研、生产甚至行政、人力资源、财务等其他非品牌部门，是无时无刻

不相互联系交叉的。相对应地，品牌战略已经不是单独存在的学科，不是撇开其他部门、独立的部门决策，而是各部门的联合决策。从这方面来看，品牌的战略性思维体现在企业体系错综复杂的庞大横切面上，因此，品牌战略关系到公司每个员工。

以看起来与品牌塑造毫无关联的科研人员为例。他们需要了解企业的目标社群、社群背后的共同需求、延伸的精神诉求以及品牌的核心价值等，以此为导向进行产品开发，保证企业产品能够满足顾客需求，符合企业品牌价值；反过来，科研人员的产品开发结果与其应用情况，为品牌战略布局提供数据支持，影响企业品牌塑造的下一个决策。

喜爱看香港八卦新闻的人应当对一个品牌耳熟能详：爱马仕。这是一个贯穿了豪门、明星八卦的奢侈品品牌，某媒体甚至专门以“爱马仕之战：700 个大胜 200 个”为题来描述一场轰轰烈烈的八卦逸闻，由此可见爱马仕的力量。然而，在奢侈品行业中，品牌林林总总，为何爱马仕独占鳌头？

爱马仕以上所有的动作，只是为了“塑造爱马仕品牌”。可以说，在爱马仕的每一个人，都是在为这个品牌服务着，无论是为一条丝巾而画图 1 500 小时的设计师，还是负责在农场养殖爱马仕专属鸵鸟的农夫，他们的工作组成了爱马仕品牌丰满、立体的形象，无数细节性的披露只是为了不断推高“爱马仕”这一品牌背后所代表的地位、价值，从而产生高溢价。

奢侈品牌的养成

最好的原料

常年有采购人员寻找珍稀材料，和产量稀少的原料供应商签订独家供货协议。

最好的工匠／设计师

要成为爱马仕的工匠也不是容易的事情，需要娴熟的工艺，不能出错。

爱马仕的色彩有7万多种，每一款丝巾都是一幅完整的艺术品，每一款所需要的设计师制图时间为1 500～2 000小时。

最好的工匠／设计师

按顾客需求定制，几乎是不惜成本做成最好的产品，丝巾是19根圆丝绕成1根丝再编起来的……

每一件成品都需一名工匠精工细作18小时，然后编上号，加上工匠的名字，每一件都独一无二。

强大的品牌控制力

通过高直营比例保证渠道控制力。爱马仕在全球范围内拥有几百家品牌专卖店，其中超过300家为直营。

衍生极品的能力

如爱马仕旗下的约翰·罗布（John Lobb），一个堪称手工定制鞋之王的高端品牌，兼营业务之一是为爱马仕提供皮鞋生产服务。

最饥饿的营销

制造工厂只有15个/月的出产量。

专柜无货，无等待机会。

不断购买爱马仕其他产品，成为店员的“重要客户”取得购买名额，或具有一定影响力从而取得排队资格。

最有代表性的单品

推出最具代表性的经典单品，成为品牌代表作，如1837年的马具、1879年的马鞍、1937年的真丝丝巾、1956年的凯莉包、1984年的铂金包。

最有象征性的客户和经营者

为真正的高端人群服务，如各国王室、有钱家族等，包、皮带终身由一个工匠负责生产、维修。经营者则是延续180多年的杜马斯家族，家族集体资产超过洛克菲勒家族、梅隆家族和福特家族之和。

长久不变的品牌形象

马车图案：从经营马具保留至今的核心图案。

橙色：沿用至今的主题颜色，运用于著名的橙色礼盒。

H形状：被作为品牌元素，在产品设计中保留体现。

增值能力

爱马仕已经取消了等候名单，想要同样一款包的唯一确定途径就是拍卖市场。

爱马仕包的升值空间是惊人的，成交价是预估价的3～5倍，2013年铂金包的最高成交记录是203 150美元。

爱马仕的定位不是最高端的奢侈品，而是在一切服务于品牌的原则下，掌握如何将人本身并不需要的精美物品销售出去的关键要素技巧，使之成为“广大群众都知道的顶尖奢侈品”。

出人意料的是，爱马仕并没有营销部门。《福布斯》杂志在一篇有关“全球创新力企业榜”的文章中，就着重指出爱马仕没有营销部门这一事实。“为何要有呢？就像麦肯锡没有咨询部门，微软也不设软件部门一样，营销就是爱马仕的核心业务。”作者苏珊·亚当斯（Susan Adams）如此写道。

品牌塑造，对内要以品牌为核心高度交融，对外则须想方设法渗透到一个又一个目标社群中去，掌握动向、提炼诉求、服务群体、形成互动、满足需要、帮助发展，以此建设品牌生态。这也是品牌塑造的终极目标。

这个层面的品牌塑造主要是从企业整体高度来体现品牌的战略性思维。决策者下每一步棋时都应从全局入手，将品牌决策上升为公司决策，结合公司走向，与产业趋势融合，进行连续性的品牌打造。

“罗辑思维”创始人罗振宇便以“知识群体”为目标社群，在越来越多人认同“知识付费经济”的时代，成为售卖“知识”的先驱者。罗振宇是央视主持人，有名的“知识分子”。他提炼了这一生态对各种知识的需求，邀请音乐评论家刘雪枫讲古典音乐、北京大学原教授薛兆丰讲经济学。可以说，“罗辑思维”整个品牌的思维就是其赖以生存和发展的商业模式。现在，“罗辑思维”已成为国内知名的互联网知识社群，是互联网品牌塑造的典型案例。

因此，在品牌塑造方面，企业需要完成有效的内外两个环境的经营。经营什么，不经营什么？管什么，不管什么？引入什么资源，不引入什么资源？这都变得极为重要。而这些选择正是一个企业战略涉及的基本问题。

品牌强者之战中的五个升级要素

为了更好地分析战略性思维的品牌塑造，我们还需要关注企业战略发展的五个重要维度：企业家（enterpriser）、资本（capital）、产业（industry）、资源（resource）、管理（management），并由此提出和君 ECIRM 战略模型。

该模型是由公司发展战略中不可或缺的五个要素共同耦合的一个以企业家精神和企业家能力为核心适合中国特色的大公司战略模型。它符合中国经济改革特色，体现了在改革、不断发展中企业动态变化的规律。

其核心作用主要体现在五个方面：

第一，立足长远，致力于构建 ECIRM 战略模型的完整版图，而不是只专注于企业的短期利益；第二，持续提升 ECIRM 战略模型中每个要素的量级和品质；第三，努力促进五要素之间的性质适配和功能耦合，推动五要素的结构优化；第四，保持五要素在各自改进和发展过程中的彼此协同；第五，对外部经济环境变迁做出适时反映，或者引导环境朝有利于自己的方向改变，或者改变自己以适应环境演变的新态势。

细分来看，我们可以从以下几方面诊断 ECIRM 战略模型五要素，衡量一个企业在品牌之战中是否能够走得更远。

第一，企业家。企业领导人在企业发展中扮演怎样的角色？答案永远是“至关重要的灵魂人物”。他们的成长历史、人品底线、能力构成、阅历胆识、自我革命精神、创新欲望、社交圈子和团队组合等，对企业的管理风格、发展方向、战略布局都将造成影响，而品牌基因中最根深蒂固的也是企业领导人的个人风格和管理特色。一个注重细节的领导人产出的品牌必然渗透着细节取胜的严谨风范。

第二，资本。企业的发展扩张，必须有资本的投入。其实，人才素质、资源能力、资金规模、金融技术都属于企业资本的范畴，而在品牌之战中，资本是粮草、弹药，所谓“兵马未动，粮草先行”。若滴滴出行在一场生与死的存活之战中没有资本的助力，那今时今日网约车领域领导品牌是否还叫滴滴也尚须存疑。

此外，资本对品牌的更大意义在于，以资本的力量建立稳固的品牌生态圈，这是品牌不断生长的前提。

第三，产业。“竞争战略之父”迈克尔·波特说：“制定战略很重要的一步，是企业家必须花心思好好界定企业所经营的产业。”企业的使命是什么；企业家是为了挣钱实现更多的经济效益，还是拥有更远大的理想抱负，想改变行业现状、提高社会效率；在塑造品牌生态圈的过程中，投资方向的定位是什么，如何选择；哪些产业能够在利润与品牌之间形成完美契合；哪些产业终将能沉淀优势，形成核心竞争力，加固品牌壁垒；等等。这些都是企业必须考虑的选择性命题。

第四，资源。企业属于哪种资源向导型，也就是说以哪种资源为核心？是以产品为中心的物质资源、以市场为中心的渠道资源，还是以功能为中心的人力资源？

第五，管理。资本和资源都集合到一个企业后，如何使这些资本和资源得到有效利用，保证企业良好有序运转成为企业战略经营中的关键问题。经营管理可从以下几个领域展开：产权制度与决策文化、组织结构与控制文化、信息系统与沟通文化、营销方式与经营文化、员工管理与行为文化。

战略性思维的品牌建设要求企业家具有长远的眼光、雄厚的资本投入、产业核心竞争力、资源导向的准确定位以及良好的运营管理能力。

根据 ECIRM 战略模型五要素，可将所有企业划分为资本型公司、产业型公司、资源型公司和管理型公司。

其中，资本型公司与产业型公司为大企业。资本型公司以资本为立足点，基于金融理念、投资运作和并购整合而制定实施战略和发育组织功能，以通过资本运作创造价值为核心逻辑。典型公司如华润、复星、弘毅等。

产业型公司以产业为立足点，基于产业链整合或产业生态打造而制定实施战略和发育组织功能，以通过产业整合创造价值作为核心逻辑。典型公司如中粮、中国建材和阿里巴巴等。

资源型公司与管理型公司为小企业。资源型公司以资源为立足点，基于资源的获取、占有和运营而获得成长，以形成特定的资源优势作为核心逻辑。绝大多数企业都属于资源型公司，依托某个或某些方面的资源优势而获得一时成长，但基于特定资源的不可持续性而在后期发展上出现明显分野。

管理型公司以管理为立足点，基于商业模式创新和管理体系打造而制定实施战略和发育组织功能，以通过组织和管理创新创造价值作为核心逻辑。典型公司如安利、华为、海尔等。

不同类型公司的品牌塑造都必须具备战略思维，其品牌建立过程必须紧紧围绕其优势要素。如阿里巴巴侧重生态的建立，华为着力于满足客户的底层需求。

产业型公司和资本型公司呈现“产业－资源－管理－资本”的顺时针方向的成长路径：由产业出发，基于清晰的产业定位进行产业资源获取、重组和整合，进而在产业整合和产业创新的基础上发育管理体系和组织能力，最终嫁接资本市场，放大资本功能，形成产融互动。如此形成一个正向闭环，循环往复，生生不息，而反方向的“产业－资本－管理－资源”逻辑明显不成立。

资源型公司和管理型公司则呈现“资源－产业－资本－管理”的逆时针方向的战略逻辑和成长路径：由资源出发，首先分析、研究、找到并确立自己的产业方向和产业定位，致力于形成在待定产业内的优势地位，继而以此嫁接资本市场，放大资本功能，创造合理市值，最终落脚到构建和发育自身独特的管理体系和组织能力上。如此，企业方能实现战略成长和突破，走向更大的格局和循环。

品牌具有不确定性，随着企业不断成长，品牌也在持续调整。

具体来看，未来的品牌是基于对“一类人”的探索。品牌代表的不再是一种或一类产品，更多的将会是一种品位、一种生活方式、一种价值观的映射，由此渗透到的一类人就有可能击穿产品的品类限制，全面释放品牌价值。所以有人说，现在的品牌就是一类人。

我们来看中国社区联合办公服务平台优客工场定位的“这类人”——小微企业领导者及创业者。此类联合办公点多为写字楼地下室，或其他租金相对便宜的办公区，它们通常被装修成轻松明亮的格子间，配备齐全的办公用品。所以相对于中央商务区（CBD）繁华地带世界 500 强企业的甲级写字楼，租金较低的联合办公吸引的多是小型、微型、创业企业等规模较小的公司。优客工场的商业模式绝不靠租金，其品牌思路很清晰，定位小微企业领导者以及创业者“这类人”。

优客工场中的“这类人”又向往怎样的生活、工作方式和品位？首先，优客工场对于“这类人”的探索基于办公地点的统一，统一了办公地点后，拥有共同理想（即各自企业能持续发展的信念）的“一类人”连接在一起，形成一种氛围，这种氛围让入驻的“这类人”迸发更多的激情和灵感。优客工场品牌背后映射出的“努力”“胜利”等价值观，成为“这类人”共同的精神追求，由此生态社群实现。所以我们说，生态品牌战略实际上是在做“一类人”的选择。

那“一类人”应该如何定位、划界、甄选？互联网的出现打破了传统的纵向产业链，使得人类的生活方式产生重大转变，没有交集的产业、行业开始出现交叉，整体呈现出合纵连横的大趋势，因此，在某些新兴领域，“这类人”开始呈现。

优客工场将“这类人”定位在85后、90后群体。创始人毛大庆曾任万科集团副总裁，在传统地产行业深耕多年。看到互联网的出现以及美国联合办公模式的成功，他结合了传统地产和互联网行业创办了优客工场。优客工场的虚拟工位、会员App就是跨界的产物；创业本身就是一种连接，其品牌定位的“这类人”也是交叉行业的服务对象。而85后、90后成为优客工场的主要服务对象，因为他们将成为未来的主流群体。

“这类人”形成后，通过品牌价值的渗透，志同道合的人在一起交流学习，群体将会持续壮大，品牌也会不断强大。通过将一些人变成“这类人”，数量级的变化将会成就一个企业。数量级的规模决定企业的规模，也决定产品线的半径和企业的生命力。优客工场选择的“这类人”就在不断发展。2015年创业时，优客工场共有7个项目在4座城市开业，提供了3 000个工位。到2018年，由于生态体系的不断发展，优客工场已经覆盖全球35座城市，运营面积超40万平方米，聚集了5 000余家企业，拥有超过5万名会员，估值已达110亿元。未来3年，其生态体系内全球布局预计达到40个城市，260个场地，可提供18万个工位，总办公面积达到120万平方米。

品牌是企业战略的外部映射。这不难理解，什么样的品牌形象、定位于哪类社群圈层，从某一维度上正好也反映了企业内部的战略布局。世界顶级休闲摩托车品牌哈雷的品牌价值观是友情、激情、自由、成功，不免让人想到狂野、大块头的车身设计，而哈雷未来的产品风格绝不会脱离此方向。

但品牌具有不确定性，相对于有形资产，品牌的价值易变、波动范围更大。并且，伴随着企业的成长，品牌也在持续调整。由于企业不断成长，品牌从儿童期发展到少年期，再到青年期、壮年期、成熟期；也可以从地区品牌成长到大区品牌，再到行业品牌、国内品牌、国际品牌。表现在映射关系上时，企业处在产品经营时期，对外映射的是产品品牌；企业进入多元化成长时期，对外映射的是集团品牌。

比如，珠海格力一直以来都是一家做智能空调的企业，在早期经营空调时，大众心目中的格力自然是一家“空调公司”。如今，企业进入多元化发展时期，除了空调，格力的电饭煲等家用电器也名声在外，并且有了收购新能源汽车企业等动作。董明珠说，希望人们再提到格力品牌，联想到的是一家多元化布局的集团。

同样的例子还有大连万达。一般认为，曾经的万达只是一家商业地产公司，如今万达全力打造文化产业，布局万达影院、直播、电影投资，已经成为中国首屈一指的集团品牌。

品牌是企业的一面镜子。当它给外界传递信息时，必须与内部战略一脉共生，彼此匹配；通俗地说就是要做到表里如一。

在现阶段，一个企业的品牌已经具备多种不同的价值，有产品品牌，也有服务品牌。有些品牌短期内不一定盈利，却可以为企业带来更多的用户和流量，扩大“一类人”的数量，养成和转化出更多的“一类人”，然后通过其他品牌服务进行变现，这种无形的价值也决定了企业资源的调配、发展战略的迭代。

确切地说，品牌属于企业的无形资产，具有一种对未来受益的要求权。强大的品牌往往催生出这样一个群体——“自来水”，消费者自愿充当水军，为品牌宣传造势。有些品牌甚至成为知识产权（IP），“粉丝效应”被层层放大，养成或转化出更多“粉丝”和流量，群层和社群不断壮大。

中国第一军事论坛铁血创办最初仅有几百人次的浏览量，网站维护全靠军迷资助，几经爆发进入增长期后，收获了几千万关注军事时政的粉丝。面对几千万的用户，铁血通过其品牌提供相关服务，包括在线军事小说收费、广告收入、代理国外军品以及创立自主品牌贩卖周边、开设电商，激发更多价值，进行变现。

另一个品牌变现的典型案例则是日本三大漫画之一的《海贼王》，连载 19 年故事才写了一半，据称在中国的粉丝数量超过了日本的人口，仅百度海贼吧中就有近 500 万正式会员，发布了 2.5 亿个帖子。据不完全统计，《海贼王》的社群建设行为有同人小说、同人音乐、同人漫画、同人剪辑，以及周边生产、代购、贩卖等，《海贼王》的社群有海贼王百度贴吧、熊猫海贼论坛、海贼王论坛、雪枫字幕组、各类粉丝交流群。

通过上述粉丝建设，即使《海贼王》几乎从未在中国官媒露过面，围绕它的周边产品、游戏、影视、活动仍不计其数，所创造的商业价值无法估量。

吸取用户流量变现，这就是品牌的力量。如果你的品牌生态可以占据一群人的 24 小时，你就是他们的上帝。

公司资本化与证券化是如今热议的话题。在这个过程中，品牌资产起到怎样的作用呢？

品牌资产的边际效应往往是持续递增的，在企业资本化、证券化过程中发挥着越来越大的作用。尤其在企业进入资本经营时期，强大的品牌能吸纳融资，品牌自身也将是企业的主要资产。

但品牌资本运营难度大。首先，品牌资产累积时间长，与随手便能买到的有形资产相比，品牌资产的积累过程漫长，需要沉淀。其次，品牌的资本经营方式也极具挑战性。常见的品牌资本经营方式有品牌授权、品牌托管、品牌交易、品牌共享。其中，最成功的品牌授权案例当属美国迪士尼公司。目前，全

上游：动画、电影产业	中游：主题公园产业	下游：衍生品产业
迪士尼旗下的各种媒体产业为动漫、电影的推广发行提供了十分便利的平台，同时相较于其他同行，迪士尼为自己省下了一笔不小的广告费用。	本着扩张的战略方针，迪士尼在结合目标国风土人情的基础上，先后在东京、巴黎、香港和上海建立主题公园，使迪士尼在国际旅游市场中分得一杯羹。	迪士尼周边产业可谓品种繁多，几乎覆盖了所有儿童消费领域，小到文具、玩具，大到儿童服装，迪士尼或是自主生产，或是依靠其品牌影响力授权制造商。如此巨大的市场覆盖，必定带来相应的收益。
源头是迪士尼的动画制作，除了票房，通过发行、销售拷贝和录像带，迪士尼赚到了第一轮收入。这一轮中，迪士尼通过美国以及海外市场收回数亿美元，解决了成本回收的问题。	主题公园创收构成其第二轮收入。世界各地的迪士尼乐园吸引大量游客游玩消费。	最后是品牌产品和连锁经营。迪士尼在美国本土和全球各地授权建立了大量的迪士尼专卖商店，通过销售玩具、食品、礼品等品牌产品赚取第三轮收入。

迪士尼的盈利模式

球共有 3 000 多家迪士尼授权商，销售几万种衍生产品。迪士尼内部将授权按产品种类分为玩具、服装、家居、电子产品等。迪士尼收取品牌费，还能从授权商的销售收入中提成。由此，迪士尼成为全球最大的商品授权商，消费品部的收入逐年递增。迪士尼号称“不管卖只管赚”“躺着数钱”。

后三种模式——品牌托管、品牌交易、品牌共享在中国用得少，在中国企业资本化、证券化转型时可以适当运用。

03

新物种：生态品牌的诞生

过去，品牌的塑造是商家向顾客的单向传递，是商家在市场中的竞争旗帜。如今，伴随着企业组织形态的演变，品牌理念也不断地发生变革。

21 世纪企业的生存法则强调：企业要健康成长，就必须具有与顾客的双向沟通机制，必须特别注重企业发展的生态环境和生态效益，注重寻找适合自身的“生态位”和“生态空间”，以获得长久的生命力和活力。只有善于构建以自我品牌为中心的“健康的组织生态系统”，才能在市场中获得平衡和养分，才能在竞争中做出前瞻性的战略思考，从而充分发挥自身的潜能，实现可持续发展的战略目标。本章我们就来说说何为生态品牌，怎样打造生态品牌。

究竟生态品牌和我们之前所说的传统品牌有什么不一样？

是否单一的品牌就是传统，组合的品牌就是生态？

答案是否定的。事实上，传统的品牌也有可能有很多子品牌，这种多品牌发展路径是沿着企业战略循迹而发展的，也是符合市场客观需求的，无论在企业内部还是外部市场中都有着非常好的生存环境，而此类传统品牌和生态品牌最大的差异并不在于品牌种类的多少，而在于品牌的塑造意识和品牌发展的方式。

我们从两个方面来解释这句话。第一，品牌的塑造意识。传统品牌的塑造普遍具有这样的特点：因企业的业务发展而实际存在，基于更好的发展进行品牌塑造，品牌的命名、定义到传播再到延伸与优化，所有动作的重心都在企业端，由企业决定品牌的塑造方向，通过一系列主动营销手段传达至客户端。而生态品牌的塑造则具有不同的特点：从初创时就将品牌塑造的重心放在客户端，业务的存在方向即代表了市场上的某种需求，需求的存在性即可精准地圈定消费人群及场景，而企业适时地将其表象化，在坚持某一特定价值观的基础上将品牌交予消费者进行发育和养成，真正将品牌所有权交予消费者，形成品牌生态。

第二，品牌的发展方式。传统品牌的品牌组合是单调地根据需求、价格、受众群进行分类，尽可能通过不同的品牌去覆盖消费者，比如博柏利过去就按照顾客的消费等级和需求将子品牌分成三个。生态品牌的品牌组合能力远远强于这些表象的指标，对于生态品牌来说，绝不是简单地将品牌进行组合，而是考虑与谁合作、与谁合并、创造怎样的子品牌，以及子品牌具有什么样的价值，并且要与公司、品牌整体的战略息息相关，甚至与品牌自身的优缺点、强弱势有关。

在此，举两个非常贴近我们生活的品牌来做进一步的解释。这两个品牌亚洲人民都非常熟悉，几乎每一个商场都有，而且都与我们的生活有关，还全部来自日本：索尼与无印良品。从品牌打造上说，索尼更接近传统品牌，而无印良品则接近生态品牌。

索尼困局，传统品牌的弊端

众所周知，索尼是一家靠技术起家的公司，创建于第二次世界大战后一片废墟的日本。创始人井深大在东京一家百货公司的仓库成立了东京通信研究所，在邀请到另一位元老级人物盛田昭夫担任高级总经理和代表董事之后，于 1946 年正式成立了索尼的前身东京通信工业株式会社。正是因为这样的背景，索尼身上总有一种创新的气质，勇于突破，这也是它给消费者的感受。

纵观索尼多年的发展，其产品有成有败，几乎都是从企业本身出发做出的决策。1955 年世界第一台半导体收音机 TR-55 稳定了索尼的生存状态，而每部开发成本高达 40 万日元的彩色电视机将企业拖向了倒闭的边缘，搭载 Trinitron 技术的电视机又令企业起死回生……在这一切之外，我们看到的是井深大、盛田昭夫、霍华德·斯金格等人的决策，是企业基于发展需要推演客户需求从而调动生产资源进行的产品生产及品牌塑造。但是，不论是当年红火的笔记本电脑 VAIO 还是开启音乐时代的随身听，都没能与索尼其他子品牌连接起来，它们更像是独立的品牌，实用价值远大于品牌意义。当时过境迁，苹果、三星等技术大户成为后起之秀时，索尼就失去了技术优势，这些子品牌也迅速走向滑铁卢甚至被市场淘汰，连索尼母公司的大树都没办法为其提供庇护，宛如战场上一个个冲锋的好手，在初期摧枯拉朽地占据阵地后，却无法为彼此提供支持，最终陷入单打独斗的绝境。

无印良品则是品牌组合中从终端意识出发的好手。无印良品是当今日本乃至世界的知名品牌，主要从事商品制造、销售。它的设计理念、美学主张、素材选择、产品包装、形象宣传等，不只是在创造一种商品品牌，还是在推广一种生活方式，它的品牌理念是“商品种类很多，但是商品之间的关系非常清楚”。无印良品的每一件商品都传递一个理念——给你打造断舍离的高级生活享受。

无印良品的英文是MUJI，起源于日文“Mujirushi Ryohin”，意为无品牌的商品。1980 年，世界经济增长陷入低迷，日本也经历了严峻的能源危机。当时，木内正夫创办了无印良品公司，口号是“物有所值”。他希望淡化消费者对于商品的品牌意识，以自然、简约的生活方式让民众有另一种生活选择。这是从当时的顾客心理出发的品牌设定，在经济萧条时期，大家对品牌有种天然的排斥。而如今，断舍离的理念风靡全球，无印良品将这种价值观始终如一地展现给大众，它的服装、食物、家具统统按照这样的品牌意识打造。所以即便遇到经济危机、创新落后，它依然可以凭借强大的品牌意识和认知留住顾客，维护品牌黏性。

显然，无印良品不如索尼强大，但它的生存能力和可持续发展性比索尼更强。至于索尼，传统品牌打造模式令它一度陷入困局。自 2008 财年起，索尼的业绩几乎连续 7 年亏损，2014 财年比 2013 财年的亏损额足足翻了一番。即便是新任 CEO 平井一夫上台，极力推行转型调整，依然没能带领索尼走出黑暗、重返光明。在当时举行的记者会上，平井一夫还立下军令状：“我的责任是重建整个索尼的业务，公司业绩不恢复，我绝不下台！”由此可见索尼在这些年遇到的转型之痛。

按照我们之前的分析，索尼的困局并不来自它的创新理念和技术实力，而是来自一个企业长年发展中的沉疴痼疾。这里有一个值得关注的问题：提到索尼这个品牌，我们想到了什么？

索尼这个品牌在消费者心目中的形象是：拥有各种各样的黑科技、对外观的极致美学追求。消费者在缅怀索尼过往的技术、设计等辉煌时，索尼这个品牌还给予了消费者什么？技术已经落伍，设计虽美却不实用，索尼的品牌缺少一个中心，或者说没有鲜明的可以令消费者产生共鸣从而为之消费的个性。

没有中心和个性，一切技术都将是散兵一堆，索尼就无法建立自己的生态。

同时，索尼品牌内部的管理也非常传统，致使这个曾经强大的品牌从内到外都出现了疲态。作为拥有典型日本文化的大企业，索尼企业内部严格遵守长幼尊卑的秩序和谨小慎微的作风。一个号称不断创新、不断突破的品牌，在本质上却拥有顽固不化、僵硬的管理模式，那么口号就永远不能成为现实，理念就永远不能从每一个员工那里传递出去。加上索尼内部的决策系统繁杂到令人头昏目眩的程度，一个建议要由下至上过关斩将才能传达到领导层，一个决策要由上至下逐级递减才能实施，这就严重阻碍了形成品牌的内部共识。索尼的员工会觉得：所谓的创新都是做给别人看的，其实我们内部很土！如果连公司员工都不能实践这个公司的品牌理念，那么它的产品、宣传一定无法将理念完美地传递给消费者！

这是内部顶层上的设计缺失。现在我们来解析索尼各大子品牌的关系。正如我们之前所说，索尼的各大子品牌其实是“自管自”的，它们之间别说有机组合、互帮互助，就连相互合作的意识都很微弱。庞大的索尼帝国里，各人品牌就像是各自为政的藩镇。

2012年平井一夫上任的时候，提出了“One Sony”战略，大意是将各部门联合起来，主力出击影像、移动和游戏三大支柱业务，放弃部分业务。于是，VAIO被放弃掉了，电视机业务的比重也被降低。然而，“One Sony”的结果是各子公司轮流做东，大家想的还是怎样瓜分利益，就像当年索尼随身听被索尼音乐拖后腿一样。由于数字音乐会影响实体唱片的发行，索尼手机被索尼摄录设备和音乐播放设备拒绝在外——因为子公司自持专利版权，各大子公司、子品牌始终各怀鬼胎，暗自内斗，内耗严重，被三星、苹果远远甩在后面。要知道，三星和苹果的各大子品牌都是巴不得连生命都共享的！虽然索尼各子品牌都存在于母品牌的生态圈中，却缺乏共享意识，画地为牢，没有实现生态圈中的共生和价值流动，这是形成索尼困局的最大原因之一，也是许多大品牌到最后渐行渐远的原因。

从索尼困局之中我们可以学习到的，就是前文生态品牌诞生中所提到的品牌塑造意识和品牌发展方式，这关乎生态品牌需要满足的非常重要的两大原则：互动性原则和共同进化原则。互动性原则来自汤姆·邓肯在1998年提出的双向互动联系和重叠交叉现象，他认为品牌生态系统内各利益相关团体之间都存在内在的联系，这使品牌生态系统成了一个极其复杂的整体。我们研究品牌生态系统时不应孤立地研究顾客、员工、股东或竞争对手，或者是孤芳自赏地从自己的理念出发，而是要注意与顾客的互动、合作品牌的互动甚至竞争对手的互动。索尼近年来推出了全新的Mesh项目，这是一套互相之间可以联动的智能硬件模块，只要通过一个iPad应用轻松拖拽就可以编程。Mesh可以让用户把家里许多物件智能化、联网化，想象空间还是很大的，比如可以让你设计编程浇花、遥控、搞恶作剧，可以和你的家居产品、苹果手机连接，既从消费者的生活出发，又和其他品牌合作，完全为顾客着想，这为索尼在消费者中的亲切感加分不少。

共同进化原则是由人类学家格雷戈里·贝茨森（Gregory Bateson）提出的，他认为，一个公司内部的各个组成部分都是共同进化的。世界上少数最有效率的公司（如英特尔、惠普、壳牌、沃尔玛等），都是通过领导经济共同体进化，从而令整体达到全新高度的。因此，品牌内部的共同体进化，对于子品牌而言不是相互抵消，而是共同成长。索尼近几年一直在尝试建立全新的业务部门，包括开启 Life Space UX 智能家居产品线、发布种子计划、设立未来实验室计划等。显然，这些新产品为索尼带来了新鲜血液，更重要的是，索尼摆脱了过去各自为政的分封状态，各部门齐头并进，这让索尼逐渐走上了健康的运营道路。

2016 年 4 月 28 日，索尼公布了 2015 财年（2015 年 4 月 1 日至 2016 年 3 月 31 日）的整体业绩数字，集团销售额达到 81 057 亿日元（约合 717.32 亿美元），较上一财年下滑了 1.3%，但终于摘下了亏损的帽子，净利润达 1 478 亿日元（约合 13.08 亿美元）。2018 年 4 月 27 日，索尼发布了 2017 财年（2017 年 4 月 1 日至 2018 年 3 月 31 日）年报，其在 2017 财年实现营业利润 7 349 亿日元，创下成立 72 年以来的最好业绩。显然，索尼的生态之路已见成效。

海尔蜕变，传统品牌如何新生？

从索尼的案例我们不难看出，缺乏互动和共享机制是其品牌遭遇瓶颈的重要原因。这种互动的缺乏不仅存在于品牌与用户之间，也存在于品牌内部。索尼过于官僚主义的组织框架造成了单一、单项、单调的管理模式，使生产力深受其害。同时，品牌与品牌之间的隔阂也令索尼要创造自己的生态圈无比困难。子品牌之间少了联系和羁绊，没有了共享资源的基础，就成了一个个孤岛，相互消耗，造成资源浪费。

那么，有没有一种品牌内部的管理方式是符合生态品牌的定义的？有没有一种子品牌之间的相处模式是能够带来可持续发展的？或许，从海尔与雷神的案例中可以窥见一二。

海尔集团如今已经发展成为全球最大的家用电器制造商之一，业务范围包括家电、通信、数码产品、家居、物流、金融、房地产等多个领域。1984 年创业伊始，海尔集团抓住改革开放的机遇，专注做高质量的冰箱，获得了中国冰箱史上的第一枚“金牌”，成为中国驰名商标。1985 年，张瑞敏砸掉 76 台冰箱，正是这 76 台被砸的冰箱，使海尔在当时社会主力消费群体中被贴上“质量好”“信得过”的标签，在很长一段时间内主导了“买冰箱选海尔”的品类垄断局面。海尔用冰箱这一单品将消费群体打透，在消费者心目中树立起品牌形象，带领企业良好发展。此外，从“砸冰箱”事件开始，海尔逐步将产品质量零缺陷的理念渗透到每一位员工的心中，构造了“零缺陷”的管理机制。20 世纪 90 年代，海尔在国家企业兼并重组的鼓励下，开始实行多元化的发展战略，先后兼并国内 18 家家电企业。进入 21 世纪，海尔提出“走出去、走进去、走上去”的“三步走”战略，开始走出国门。到了互联网时代，消费者的生活方式发生极大改变，传统企业的“生产 - 库存 - 销售”模式再也不能满足用户的个性化需求。海尔走上了全新的改革之路。

在改革过程中海尔做了哪些努力呢？一方面，海尔在“头部”进行了思想改造，这个改造也不是凭空而来的。1998 年开展以市场链为核心的“零库存”经营模式，2005 年探索人单合一双赢模式，2015 年生态圈建设崭露头角……海尔多年来一直在追求内部的更优模式，而“生态”这种更高阶的竞争观能在海尔生根发芽，也是其多年积累的结果。

另一方面，在最新的有关生态的变革中，海尔在组织结构上进行了改革，从原来的中控式结构变为扁平化、网络化、没有中心的分布式结构；从原来按矩阵方式划分功能模块的模式变为大平台套小平台、小平台长出小微物种的生态圈模式。在价值链上，海尔实施网络化战略，从原来封闭的传统企业组织逐渐进化为开放的生态平台，与上下游实现利益共享。另外一个非常明显的改变是，海尔开始提倡创客文化，鼓励员工在海尔内部进行创业，雷神、巨商汇等品牌都是这种小微模式的成果。

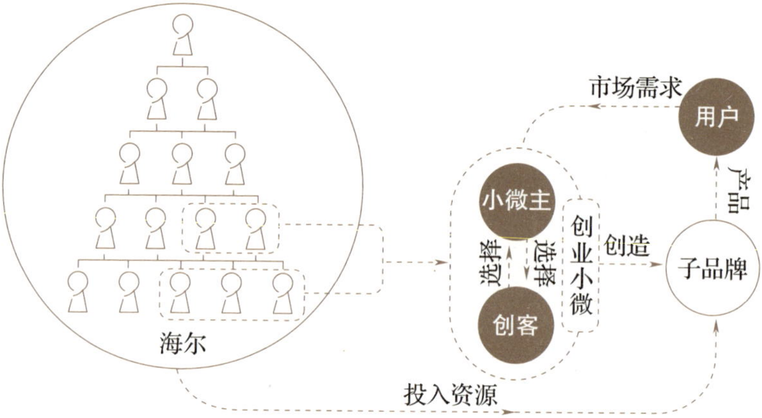

雷神可谓海尔内部小微创业品牌的范本，也是截至 2016 年海尔内部唯一一个获得外部风险投资的小微公司。事实上，在互联网战略提出以后，海尔面临的问题就是要有与战略相匹配的组织结构。2013 年，海尔首先提出“创人”的概念。在内部，小微分为两种：第一种是转型小微，第二种是创业小微。顾名思义，转型是指集团内部对这些小微进行独立核算，就相当于在集团内部成立小的虚拟公司；而创业则是指完全推向社会成立实体公司，既能进行社会化运作，还能通过相应的机制变成某个行业里的“大微”甚至上市。雷神就属于创业小微。

事实上，雷神是海尔笔记本部门三个年轻人自己内部创业的成果。2013 年，整个笔记本行业处在寒冬之中，海尔的笔记本更是苦苦挣扎。当时，海尔总裁张瑞敏提出内部转型、创业，笔记本部门的李艳兵和两个同伴觉得搏一搏的时机到了。三个年轻人都知道海尔的品牌对游戏笔记本的消费者没有号召力，于是决定放弃海尔的招牌重新建立一个品牌——雷神。一开始，雷神的产品用的是游戏本全球第一大厂蓝天的公模，走电商特供路线。与市面上上万元的游戏笔记本相比，雷神的性价比出乎意料地高，价格几乎只有市面上类似产品的一半。因此，雷神火速在京东上热卖起来。2014 年，雷神卖了 5.82 万台游戏本，一举成为行业黑马。2015 年，经过 Pre-A 轮和 A 轮融资，雷神开始独立运作，海尔的股份降到 70% 左右。

雷神为什么能成功？第一，雷神成功进行了市场细分，牢牢抓住了小众市场。第二，雷神捕捉到了市场的痛点，成功实现了消费者到企业（C2B）的模式。第三，雷神有着强大的消费者社群属性，举例来说，雷神现在有很多用户交互的平台，比如 QQ、微信等社交网络，消费者每天自发在这些平台上探讨跟游戏或硬件相关的话题，这大大增强了消费者的黏性。第四，雷神紧跟市场节奏，牢牢抓住变化，品牌销售渠道的变化、产品调性的变化，都是建立在这个能力的基础之上的。

同样是在 2013 年，海尔另一个小微样本也开始起步——李华刚创办了巨商汇。根据海尔官网的描述，巨商汇是由海尔集团投资打造的专业家电工厂直销服务平台，让家电厂家在平台上能够找到优质的经销商，并低成本地实现交易和渠道管理；让经销商直接与原厂做生意，拿到一手的产品，没有中间差价。也就是说，巨商汇提供物流、服务、信息和营销全流程支持，帮助客户低成本采购、提供高质量服务并有利润地将产品销售到客户端，让厂家和经销商无后顾之忧地做生意，实现可持续经营。在创立之初，巨商汇经过许多探索和长达 9 个月的研发。2014 年，巨商汇正式上线，当时还只针对海尔的经销商，同年 12 月，巨商汇对社会其他品牌开放。在巨商汇里，所有上线的经销商必须经过厂家的认证，且一个地区只能有一个，认证后方可进入品牌商的线上渠道管理体系，进行提交订单、付费、货品流通等操作。同时，巨商汇的盈利模式并不是通过买卖双方的交易获取佣金，而是免费为买卖双方提供技术平台，之后再收取服务费用，比如金融机构给经销商提供贷款，巨商汇会向金融机构收费。在巨商汇，平台为用户量身定制的互联网营销工具——家电微店系统，是经销商自己的移动店铺，支持客户不备库存，销售后工厂直接发货给用户，实现从坐商到行商、从有限的传统店铺到无边界的移动店铺的转变，帮助经销商建立自己的用户群和扩大自己的无线店面。李华刚曾说，因为巨商汇的存在，海尔渠道减掉了 2 000 多名业务员、近 2 000 个产品型号。他总结，这就是互联网带来的效果——三减一加，即减人、减产品、减流程、加服务。这就证明了巨商汇的竞争力。

通过雷神和巨商汇的案例我们可以看到，海尔这样具有核心品牌的厂商，具有产业链上下游的优势、消费者认知优势等，以该优势进行细分品牌的培育具有先天条件，从而可以利用生产端的优势对新兴品牌进行压制，占据市场，降低多极化。

然而，内部创业同样会出现一些问题，比如，不论是雷神还是巨商汇，在获得长足发展后都想远离海尔。2015年，雷神科技逐渐脱离苏州海尔，开始与上游进行独立核算。对此，海尔自有妙招：第一，海尔对于这些小微公司有优先回购权；第二，海尔支持并鼓励这些公司做大、拆分甚至上市。海尔摸索的这个小微企业创造模式最值得借鉴的地方就是，让小微公司面向整个市场，减少各个分立的部门、团队之间的摩擦，让集团内部的创造力和活力达到最佳，最后创造出一个非常有生命力的大平台。可以说，小微企业具有更加独立的运作空间和反应速度，其开放程度、灵活程度都要远大于事业部制。

如今，消费升级已经成为不可逆的趋势，在这种趋势中，取得胜利的关键就是要一切以用户为中心，围绕用户的需求来进行创新创业。现在，用户的需求日新月异，原来的大企业模式已经不能再发挥强大的统一作用，一个真正优秀的企业应该变成一个开放的平台，吸引全球一流的资源没有障碍地进入，同时它本身也能创造新的资源，所有成员都能在这个平台上互利共生。

现在，我们尝试回答一个问题：在中国不乏与海尔同一量级的集团型企业，为何海尔成功了？

首先，海尔多年发展所积累的一切，为新品牌的创业提供了生存土壤和可行性——海尔的品牌成为新品牌的信任背书，海尔的前期投入可以解决新品牌的存活问题，海尔的供应链可以降低试错成本和生产成本，甚至基于海尔带来的渠道、订单就可以解决生存发展问题，而管理优势、价值观注入等隐性福利，也会左右一个小微企业、新品牌的存活。

其次，海尔改造了价值的流动路径，不再是封闭地发展，而是开放地将封闭在原有企业中的价值在其他企业或者其他领域进行二次释放。

最后，海尔生态圈中的新物种没有进行无边际的外溢，而是基于其拥有的优势及资源，对旧业务进行二次改造创新，这种改造创新因为有资源优势而发展稳健，更容易与其他品牌形成互通互补。

海尔正是在小微创业模式上的创新让企业充满了活力，小企业不再是过去那种容易死亡的状态，有了核心品牌和母公司的支持，小企业往往能迸发出许多小而美的能量。小企业虽然不太稳定，容易遇到生存危机，但是其优势也在于规模小，可以不断尝试。这就是为什么当很多企业通过并购重组扩张的时候，海尔却一反市场的主流和常态，不断深挖内部，创造子品牌，把触角伸向市场的每个角落。

从工厂到公司、供应链再到平台，海尔正在逐渐完成一个家电生态圈的进化，甚至这个生态圈已经超越了家电的概念，衍生到消费者的所有生活需求领域。这家成立于 1984 年、已过而立之年的大型公司，正在努力改变自己的跑道和生存形态，在做大做强“内循环”的同时，建立一个多元、共赢、无障碍的平台，让更多资源、更多精英、更多创造力融入进来，从而打造出一个强大的帝国，生生不息。

风起云涌的品牌生态

做品牌，说起来容易做起来难。要让一个品牌发展出自己的生态圈，绝不是一件光有想法就能成功的事情。在许多企业的发展过程中，会遇到决策、战略、子公司管理等诸多问题，就连2015年转型至今的海尔也是，雷神是其转型实践的唯一成功代表。这时要研究如何规避、如何防患于未然，就需要企业领导者未雨绸缪，深思熟虑。索尼也好，海尔也罢，其实都是在不断突破传统的束缚，寻找新的品牌理念。最终，它们都在往一条更生态化、更可持续的道路前行。

在我们的身边，这样的事情已经在发生，品牌正在跨越原有的细分领域，形成跨界竞争，以摧枯拉朽之势迅速跑马圈地。在消费者所认为的并不新鲜的建材家居产业，也已经形成这样的生态品牌，以一种全新的姿态去突破细分领域的竞争壁垒，建设新的品牌竞争路径。

这就是我们下面要说的生态品牌与品牌生态圈。

第2篇

现在：品牌正在无声改变

FISSION

Compulsory Course of Future Brand

我们谈到了生态品牌和生态品牌最终的形态——品牌生态圈，那么什么是生态品牌呢？它和品牌生态圈有什么区别和关联？一个企业想要去建设生态品牌和品牌生态圈，它的建设依据和路径又是什么？这一篇我们将着重谈生态品牌，从内到外详解生态品牌的起源与发展。

04

解密生态品牌及品牌生态圈

谈到生态品牌，我们需要明确两个词语：生态品牌，品牌生态圈。

如果将品牌生态圈视为一个网状结构的球体，那么生态品牌就是球体的核心，是品牌生态圈的初始原点和支撑核心。没有生态品牌，品牌生态圈将难以建立，更谈不上持久发展。

什么是生态品牌和品牌生态圈

生态品牌是由品牌持有者划定品牌价值观，由用户进行培养、成长、修正，在该过程中嵌入消费者的生活，具有生命力的新类型品牌，是品牌生态圈中用以触达用户、建立核心用户群体的核心品牌。说得通俗一点，就是给顾客一个理念、一个支点，让他们与我们一起丰富品牌的内涵。

品牌生态圈又是什么呢？事实上，品牌世界的生态圈是指企业基于核心生态品牌的用户需求，选择符合企业战略方向、能够建立业务协同性的品牌组成多品牌圈层，在该圈层中不同的品牌可满足消费者的不同需求，具备不同的品牌价值，并能够形成品牌价值传递，从而形成以用户为核心的“品牌生态系统”。

说到品牌生态圈的“品牌生态系统”，大家往往会联想到品牌架构，因为从结构上讲，品牌架构用于解决多品牌的发展问题，这与品牌生态圈所要建立的多品牌形态是一致的，那么两者有何区别呢？

在企业的发展过程中，多元化发展导致的品牌管理问题层出不穷，解决品牌管理问题的品牌架构方法论分为三大类。

第一大类是基于内涵式发展的原有业务纵向延续或横向拓展，多采用单一、母子或背书等品牌架构形式展现，归于母品牌统领。这种基于内涵式发展的情况有很多，玉柴、三菱、保利集团都是此中代表。

第二大类是基于不同细分市场而产生的子品牌管理问题，多采用独立或背书的品牌架构形式，以耳熟能详的宝洁公司旗下拥有各种不同功能利益的产品品牌为代表。企业采用这种多品牌架构策略是为了尽可能地追求利润或占据市场。消费者每天所食用的菇类产品，在某一区域内看似品牌很多，实际上在市场上占有不小份额的几个品牌全都掌握在一家公司手中。它通过人为划分，对产品进行利润调节，划分不同的档次，尽可能地去占有市场。

第三大类是对外延式发展中收购而来的子品牌，基于与企业主营业务的紧密程度及风险性评估，采用背书或独立品牌的品牌架构策略。这种策略源于收购者对品牌整合、管理的需要，尤其在互联网出现后，新技术、新需求的增加导致行业细分，在新行业中生存开拓需要迅速占有市场，而在垂直领域具有短板的大型公司会针对新的需求、新的技术、新的细分行业进行收购，快速积累生态资源，补齐自身的短板。新品牌所带来的价值观冲击、管理冲击也是目前企业迫切需要品牌管理融合的原因。

那么，品牌架构是否代表着生态品牌、品牌生态圈？

答案是否定的，因为品牌架构策略并不能将品牌成功融合，实现价值最大化。

品牌生态圈的建立最重要的就是依核心生态品牌所建立的一种价值观的泛化，要让不同产品、不同行业、不同环节甚至不同品牌围绕同一种生态品牌及其价值观运行。这种观点从何而来？我们用苹果的例子说明。

在“互联网 +”之前，品牌的最高境界是成为品类的代名词，企业品牌建设的核心任务是成为这个行业的代表，成为顾客心中认知度最高的品牌，从而与品类的利益点完美契合，比如我们说到空调就是格力，说到咖啡就是星巴克，说到冰激凌就是哈根达斯，这些都是成功成为品类领军者的品牌。标签鲜明，利益点明确。

然而，苹果的出现让我们意识到原来一个品牌的定义可以更广。苹果等于什么？苹果等于最好的手机 + 电脑 + 平板 + 电视 + 软件……未来还有可能加上汽车。

苹果是单一的品类吗？可以说是，在手机领域，苹果在乔布斯的带领下，与整个安卓阵营相抗，其本身就是一种以 iOS 为操作系统的手机品类。

那么苹果就一定是单一品类吗？也可以说不是，苹果本身拥有电脑、手机、耳机等业务，在电脑领域它的对手是微软、惠普，在手机领域是华为、小米，在耳机领域是 Beats、森海塞尔……更不用提在 App Store 中有各种各样的厂牌，彼此竞争，彼此合作。

为什么苹果会拥有这么多的品类，是为了在细分领域去占据市场才开辟了那么多品类吗？事实上并不是。之所以如此，是因为苹果要构建生态圈，而这些品类是基于生态圈的需求所进行的细分。正如 AirPods 一样，提高手机、手表的使用便捷性只是其作用一，与 Siri 的连接互通展现了极大的可想象空间，即通过 Siri 来控制 iOS 生态内的智能家居、汽车、各种硬件也许在未来会成为现实。

生态圈的意义在于每一个品类都是基于生态圈未来的发展所配置的，拥有明确的作用，而这么多的品类之所以能够稳固地黏合，正是因为苹果并不代表某一品类，而是代表创新、安全、年轻、地位，甚至是一种充满活力的生活方式，正是这样鲜明而具有巨大号召力的品牌形象，造就了苹果品牌在生态圈中的核心地位。所有品牌都依它而生，客户给予它的信任、追捧使它能够将这种价值养分分发至其他品牌，从而成功地将各个品牌黏合在一起，产生巨大的品牌价值。

传统的品牌架构只能用来处理品牌与品牌之间的关系，并不能将品牌价值最大化，而生态圈的建设则有这样的益处。

苹果的一位高管曾说：“苹果成功的秘密在于把最好的软件装在最好的硬件里。”所谓最好的硬件和软件，即依靠手机、电脑、iPad 等产品，成功地建立起自己庞大的消费群体以及强大的品牌影响力，每一部硬件背后都是每一个为软件买单的顾客，苹果虽然靠硬件盈利，但硬件同时是流量的入口，这样的流量源源不断地通过 App Store 导入给开发者，形成了开发者的价值变现。而开发者的软件内容产出提高了硬件持有者的留存，共享的应用让苹果的每一个产品紧紧相连，形成了良性共赢，从而让苹果品牌有了更强的延展性、更强的盈利能力、更强的应对品牌危机和品牌老化的能力，源源不断地对消费者形成吸引。

不难看出，苹果开辟了生态品牌的一种定义，那就是用核心竞争力和核心价值黏合全部产品线，从而形成自己产品线的闭环，令自我的生态屹立不倒。在当今市场，单独的产品最后都会被市场淘汰，但是一种核心理念会不断被记住。在这种理念上生发产品是生态品牌和品牌生态圈出现的前提。

本章我们先主要探讨生态品牌，只有将生态圈中的核心剖析清楚，才可以更好地看清生态圈的形成逻辑。

生态品牌的三大特征

生态品牌是以一个可以与消费者连接的产品（服务）为核心，通过与消费者的不断互动，了解消费者，不断洞察消费者的需求，改进产品，打透目标核心消费者，积累品牌背后的价值观、管理、资源，建立品牌势能，并可以在其他领域释放势能且复制这套模式的新类型品牌。

生态品牌的三大特征为：

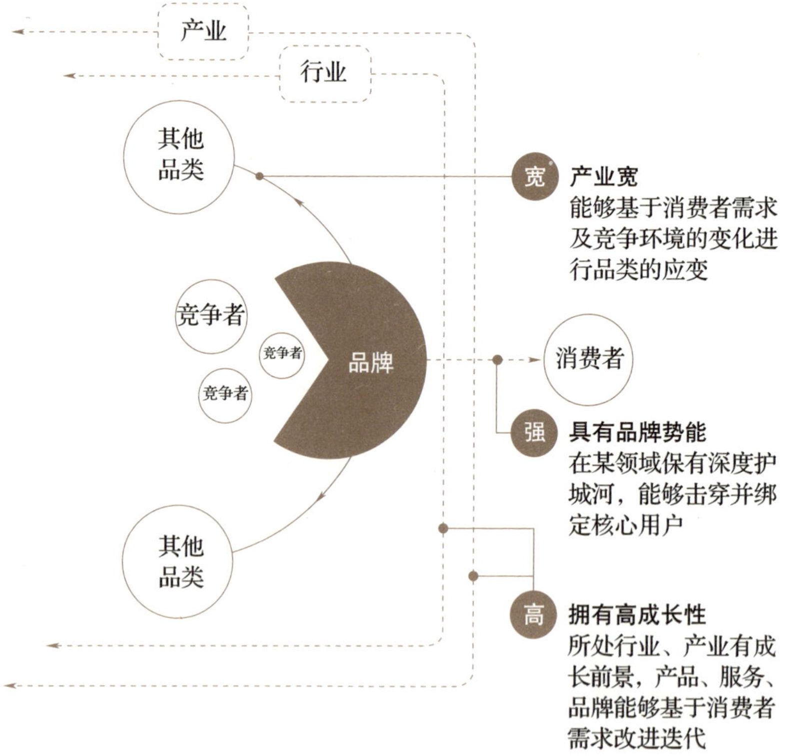

（1）强，即具有品牌势能，在竞争领域保有深度护城河，能够击穿并绑定核心用户。

（2）高，即拥有高成长性，这里的成长性包括所处行业的成长性、品牌的成长性。

（3）宽，即产业宽，能够提供品牌的生存空间，具备延展基础。

特征一：品牌势能决定生命力

生态品牌的特征一，也是生态品牌的核心概念，就是品牌势能。

什么是品牌势能？我们知道品牌都是有价值的，因为在商品经济的前提下，品牌是企业的综合代表，是企业的内部资源、外部资源以及管理运营的综合呈现，也是商誉的代表。当品牌被市场接受后，品牌在商家与消费者之间会产生一种基于品牌价值的让渡价值。让渡价值越大，对顾客就越具有吸引力，这是品牌对消费者的势能。同时，品牌的价值能渗透、流向其子品牌或其他品类，对市场产生作用，并在一定时间内令影响力回荡在整个市场，这是品牌对市场的势能。简而言之，品牌势能决定了品牌的话语权和生命力。

每一个取得成功的品牌都具有一定的品牌势能，那么品牌势能和核心竞争力之间是否可以画等号呢？答案是否定的。生态的关键是连接、共进化，而如果该品牌产生的势能只能封闭在品牌内部，不具有输出的能力，那么该品牌在构建或融入生态圈后就无法实现共同生长，也不具备生态品牌的特征。

品牌势能的三个特点如下：

（1）核心优势。品牌势能包含传统的核心竞争力，核心竞争力是品牌安身立命之本，竞争壁垒越高，市场份额越安全，客户的依赖度越高。如果没有这个基础，一个品牌连生存都谈不上，又何谈发展？

在经营表现上，核心竞争力可以是优秀的创新能力、很强的资本运作能力、高效专业的管理能力、全面的渠道分发能力、高知名度等一切能支撑品牌在某一领域形成高市场份额，甚至垄断地位以及长久发展、难以被模仿的能力。

因此，核心优势是生态品牌的初始，但不是全部。

（2）形成流动的价值。在品牌学科发展的这些年中，品牌价值被赋予了很多概念，有基于经济学上的价值概念，即用货币金额表示的财务价值，也有基于市场所认同的品牌综合形象所认定的，包含属性、品质、文化、档次等该品牌可以为需求者带来的价值。

在消费者的认知中，由于和品牌有较多触点，因此品牌在其心智中的展现是立体而综合的：苹果不仅是品牌标识、定位、口号、产品等一系列品牌要素，更代表着企业引领行业革新的研发能力、极简的审美、热情的服务，甚至是乔布斯一件不换的 T 恤，这些东西与整个品牌融为一体，是品牌价值的一面。如果有环节产生了负面影响，造成了信任坍塌，连带品牌也会产生蝴蝶效应。

当我们将品牌放置在生态环境中，去探讨品牌内部的产品、品类关系，以及品牌与品牌之间的共生关系时，品牌价值更是企业综合价值的体现，是在一个品牌下不同品类跨越共享的作用力，这种作用力可以是软实力也可以是硬实力。

这种综合价值的让渡包含对内对外两个层面。对内是企业的核心优势，而核心优势应该能够形成流动共享。在品牌延展的过程中，这种可以流动共享的核心优势在于可以催生实现品牌在不同品类的跨越，完成自有生态的进化，而不是局限在单品类内的核心价值，无法为品牌延展所用。所以这种价值更偏向于无形的价值，如供应链能力、融资能力、创新能力、组织能力等。

对外可以进行价值释放，此时的价值从品牌内部跳脱出来，在生态圈公司之间流动。对外的这种价值更具有通用性且容易带来利润，如渠道、流量、品牌知名度等，可以成为其他品牌的生长土壤，帮助生态圈品牌建立从营到销的优势，提携其他品牌成长，打造一个彼此补充的恰当环境。

所以，当我们讨论一个品牌在生态圈中的价值时，也是在讨论一种能量输出的可能性。一个生态品牌应该有一种本事，即牢牢把握品牌优势，并将这种优势流向子品牌或者市场，促使新品牌成长，使这个品牌的核心价值形成磁场，构建品牌生态圈的基础和土壤。

（3）可复制性。品牌势能一定要有可复制性。生态品牌的属性是开放的，竞争不再局限于某一单一品类、单一产品、单一服务，而是跨行业、跨产业的，因此在旗下新品类的培育上，原有的品牌势能必须能够形成二次复制，成为新品类的关键竞争要素。如果不具备这样的可复制性，就扼杀了跨界竞争的可能性，不具备生态品牌的基因。

下面以两家企业作为探讨对象。

一是具有核心竞争力的森鹰窗业。在铝包木窗这个家居品类中，代表企业是森鹰窗业，其品牌建设以品牌定位理论为指导原则。在数十年的发展中，森鹰窗业形成了铝包木窗品类中的领军地位，通过对消费者需求的不断判断，产品持续研发迭代，建立了门窗领域内强有力的核心竞争力，积累了良好的产品口碑，已开拓 100 多家专营店。

二是具有品牌势能的索菲亚。索菲亚家居是一家以全屋定制为主营业务的企业，在发展中以单品衣柜切入市场，通过对消费者需求的洞察，产品不断迭代，从衣柜单品拓展至全屋定制，成为全屋定制细分领域中的龙头企业。

这两家企业都是通过对消费者需求的洞察，以产品迭代的思路，成为相应品类中的王者的。不同的是，索菲亚家居具有生态品牌的基因，而森鹰窗门却不具备。

究其原因，森鹰窗业虽然具备核心竞争力，却不具备品牌势能，它的核心竞争力依托铝包木窗这个品类而存在，脱离了这个品类，核心优势也就不复存在，在跨领域竞争中，森鹰窗业还需要从头开始去建立核心优势。但索菲亚家居不同，索菲亚家居看似积累的是衣柜的定制能力，实际上是把握了消费者

针对性的技术投入

森鹰的核心技术偏重于木窗生产流水线的集成，生产工艺的优化，加工制造的精密和节能性能的改善，主要产品的核心技术处于行业领先水平。

木材加工工艺：通过集成数控自动设备，一次性完成集成木材的优化切割、刨光、铣型、铣榫、钻孔工序。
木材涂装工艺：自动化喷涂线、高压经典粉末机械手，木窗进行整窗自动喷涂。
铝材无缝焊接及涂装工艺：组建集铝材表面清洗烘干、氟碳喷涂、粉末喷涂、高温固化等多道工艺于一体的悬挂流水线。
中空玻璃加工工艺：两条奥地利李赛克中空生产线，芬兰TAMGLASS钢化炉，瑞士SWISSPACER暖边间隔条超声波焊接工艺。
立式成装加工工艺：引进德国先进的立式成装生产线及真空玻璃吊挂系统进行玻璃安装，节省人力，提高产品质量。
密封胶条焊接工艺：与国内知名的胶条生产企业合作开发整套胶条切割、焊接加工设备及加工工艺。

森鹰产品线体系

森鹰产品数量精简，以86型号铝包木类为基础，逐渐向上升级。

幕墙阳光房	铝包木门	铝包木窗
Scw方形明框幕墙	S200提升推拉门	P120被动式窗
Swg60阳光房	S86平行推拉门	W68纯木内开窗
	S86上悬推拉门	TS118防砸窗
		A86外开窗
		S86+内开窗
		S86内开窗

索菲亚

战略布局

实行“全屋定制”战略，力争成为国内领先的“大家居解决方案提供者”。

原有卧室系列、书房系列，再推出儿童房系列、客餐厅系列等。

在定制衣柜基础上，布局司米橱柜；推出床、餐桌、书桌等实木类贴牌（OEM）产品。

与其他知名品牌合作，协同销售床垫、沙发等产品。

生产布局

索菲亚定制家居品牌目前设有河北廊坊、浙江嘉善、四川成都、湖北黄冈以及广东增城五大生产基地。

司米整体橱柜工厂位于广东增城。

品牌优势

索菲亚是定制衣柜及定制家居细分领域的龙头品牌。

2015年订单客户数量约42万，市场占有率不到3%，仍有较大上升空间。

营销渠道

公司采用以经销商为主、以直营专卖店和大宗用户业务为辅的复合营销模式，其中经销商模式占销售收入的90%以上。

截至2017年12月31日，索菲亚全屋定制产品拥有经销商1 200多位，全部店面超过2 200家。

营销网络逐渐下沉至四五线城市。

同时，公司推行“799/899”优惠套餐，结合电商渠道具有较强的带单效应，目前订单中60%都有“799/899”产品。

重点门店配置3D数字展厅。

的流量入口及定制服务能力。随着消费升级及家装模式的改变，越来越多的消费者会选择全屋定制的省心模式，而索菲亚这种定制家居企业随着定制服务能力的提升，会形成大家居领域的产品竞争力，将触角深入基础施工、涂料、固装材料、软装等各个领域，形成自我生长的生态品牌。

定制家居企业年营业收入增长率统计

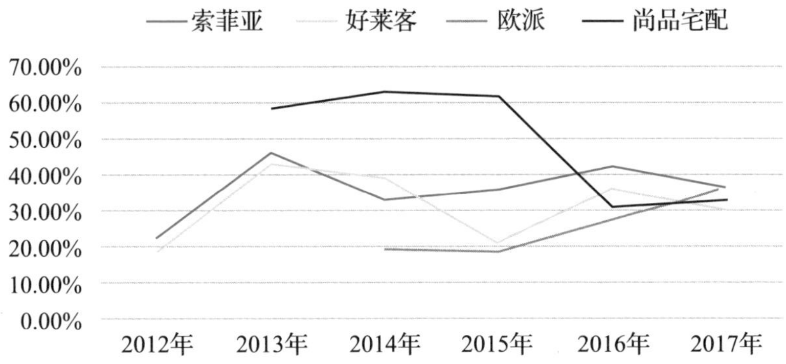

注：定制家居企业近年来营业收入实现 30% ～ 40% 的高速增长，增幅超过家具行业整体水平。

2017 年，索菲亚与从事门窗行业的华鹤集团成立合资公司，作为定制家居中的重要组成部分，门窗成为索菲亚生态布局中的一环。而促成索菲亚进行跨品类竞争的，就是品牌势能，它包含索菲亚的营销能力、品牌影响力、渠道能力、定制服务能力、资本运作能力。相比索菲亚所拥有的可以跨品类跨行业释放的竞争力，森鹰窗业从品牌基因上说缺少这样的品牌势能。

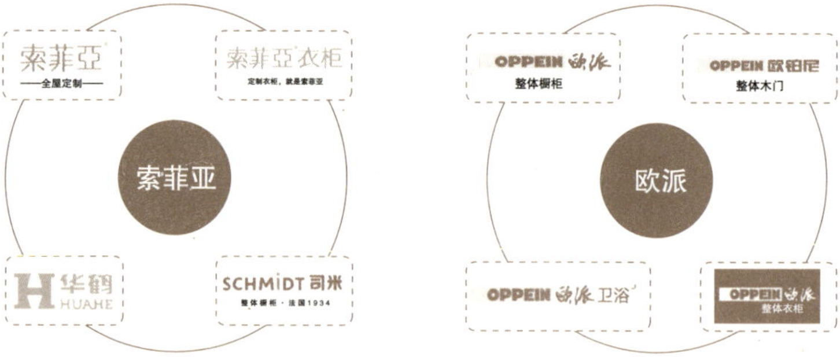

同理，TATA 基于“静音”定位而形成的生态品牌拓展如下。

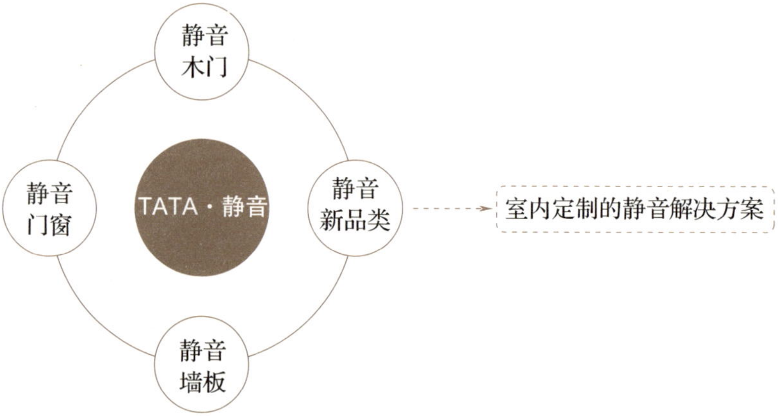

我们现在可以给品牌势能下个简单短小的定义：可跨界复制的核心竞争力。

品牌势能的具体形式如下：当品牌处在金字塔顶端时，最大的竞争筹码就是其品牌势能，而拥有品牌势能也是一个生态品牌最重要的特征。品牌势能究竟有哪些表现形式，这些形式又是怎样转化为品牌价值的呢？下面我们就来说说品牌势能的表现方式。

并不是说所有的核心优势都叫品牌势能，有些核心优势受地域、时间、人才等种种限制而不能对外输出，不能产生变现价值，并不属于品牌势能。品牌势能是能够塑造、支撑一个品牌从无到有的核心优势，且该优势能够在生态圈中产生价值。品牌势能作为一个品牌的核心优势，分为外在表现和内在表现。

品牌势能的外在表现包括品牌地位和品牌形象。品牌地位是指品牌在某一资源、领域、品类内的垄断性优势。比如腾讯由于 QQ 软件的崛起，掌握了国内丰富的用户资源，随后通过 QQ 的用户基础以流量为入口和渠道，给游戏部门争取了无数试错的机会，最后成就了现在的腾讯游戏。现在腾讯还在不断巩固流量，拼命抓住入口，促成 58 同城和赶集网合并，在生活类目中形成垄断，市值暴增；促成美团和大众点评合并，促成滴滴打车和快的打车合并，在本地生活类目（看电影、买车、旅游）积蓄力量，力求在生活消费类垂直领域占得先机。这就是品牌地位带来的强大势能。

品牌形象则是指品牌在消费者心目中占据的形象，即通过精准定位成功地占据一个概念甚至是记忆点，而该概念、记忆点具有延伸性，比如康师傅私房牛肉面馆。众所周知，康师傅是从方便面开始切入大陆食品市场的，在长达 20 多年的经营里，它的产品线涵盖各个领域，其品牌的组合已经非常完善。康师傅红烧牛肉面一直以来就是品牌标志，其亲民的品牌形象也让它积累了大量粉丝。在品牌和用户都成熟之后进入餐饮业，康师傅自然有着得天独厚的优势。康师傅将私房牛肉面馆的概念提出来，同时在连锁经营、市场定位、店铺形象、经营规模、服务水平、质量标准、卫生程度、管理能力等方面做足功课，大大缩短了消费者对“康师傅私房牛肉面”这一新的餐饮品牌的认知过程，大大提高了市场推广的效率，这就是品牌形象带来的强大势能。

除了外在表现，品牌势能的内在表现更是一个品牌核心价值建立的重要条件。这些内在表现包括以下几个方面。

第一，研发势能。品牌势能的建立基于某产业、行业中的关键因素，要在行业中有深厚的积累，并能够建立竞争壁垒，在竞争中可以基于研发势能建立新技术的市场化应用。比如家电行业，当家电行业受到中国企业的冲击时，日本家电企业选择了转型，退出生产和销售的竞争，但保留技术和研发；当家电的利润不那么丰厚时，日本家电企业走向了企业与企业（B2B）领域。日立发展健康、智能物料等方面，松下转往新能源电池业务及住宅光伏发电，甚至品牌本身在未来也会发生蜕变，而国内的家电企业则转型困难。在国内，小米在生态圈中输出的品牌势能是研发类目下的产品能力，核心技术为企业所有。小米在产品定义、用户体验、产品 ID 设计上重度参与，将小米产品开发模式进行输出，从而呈现更好的品牌载体。

第二，管理势能。经营管理覆盖很多内容，在传统企业中，丰田依靠精益生产建立起杰出的供应链管理能力，成立了协丰会，并将自己的管理能力向生态企业输送；而 3G 资本将管理势能在金融行业中的释放是其典范应用，它通过对投资企业的“赋能”，获得了丰厚的投后管理产出回报。

第三，渠道势能。强大的渠道能力在传统行业、互联网行业中依然存在优势，在消费人群被打散，渠道成本、获客成本高昂的当下，掌握成熟且强大的渠道是从无到有塑造新品牌的关键因素之一。

第四，资本势能。传统企业需要本着诚诚恳恳的态度，靠口碑积累，用几年、几十年的时间成就一个品牌；而在细分市场竞争激烈的今天，一个品牌的建立、成长缺乏慢慢生长的环境，而是需要大量的资金投入，从而迅速建立在产业、行业、品类中的地位。因此，一个品牌能否在资本市场中具备融资能力、具有信任度，是企业经营管理的重大驱动力，而品牌背后所代表的融资能力，甚至决定着其在所处领域内的生存能力，尤其在互联网行业，如共享出行、共享单车、O2O 等领域，上演着各种“烧钱大战”，所谓“最后一个站着的人才可以赢”正是品牌融资能力的残酷体现。

所以，一个生态品牌具备符合外在内在表现形式的品牌势能是非常困难的。可以说，品牌势能是一个品牌可以建立的根据，决定品牌的生死。如果一个品牌连生存都谈不上，就别提生态发展了；再者，品牌势能是持续长久的内核动因，如果不能打破时间、空间、技术、领域的限制，那么就会有生长的局限性，不具备长久存在且持续输出的可能性。

特征二：高成长性带来创新

高即拥有高成长性。这里的成长性包括所处行业的成长性、品牌的成长性。

（1）产业/行业的高成长性。品牌所处的产业及行业需要具备高成长性，在高成长性的拉动下会产生：

1）前景广阔的市场。市场是企业生存的基础，高成长性的行业存在市场需求，市场需求所带来的利润能够拉动企业飞速成长，资本、资源伴随着企业成长进入，为企业的进一步发展壮大插上翅膀。

2）较低层次的竞争。高成长性的行业往往伴随着不充分竞争、集中度较低、行业成熟度较低等情况出现，还没有形成巨头以及明确的竞争格局。一方面为本领域内的新生品牌提供了存活和发展的时间，避免刚进入市场就被巨头打压的结局；另一方面给跨行业竞争留下可能性，上下游企业甚至是非相关性行业的企业都能够通过资本或技术介入的手段进入该领域，参与竞争。

3）需求的变化性。高成长性的行业供给是初级的，消费者的需求往往没有被充分挖掘，痛点没有被充分解决，品牌的跨品类发展具有可能性，也最容易产生生态品牌。而成熟的缓速发展行业，因为技术成熟、需求被深挖、产品形态固化等因素，多会基于多元化经营需要对品牌生态圈进行补充，而不诞生生态圈中的核心生态品牌。

4）推动行业成长的因素持续存在。诞生于高成长性行业中的生态品牌是所有品牌生态圈的核心，这就意味着一个品牌生态圈的不断成长是以一个生态品牌的成长为基础的。生态品牌的成长依托行业的成长及市场的成长，如果行业成长因素缺失，会造成生态品牌失血，进而直接造成品牌生态圈的价值断流、养分枯竭。

（2）品牌的高成长性。生态品牌是一种灵活的品牌方式，在初期包含核心竞争力的产品或者服务。经过不断发展，生态品牌能够将单一的产品或服务进化成基于消费者需求变化而变化的多种产品或服务。这就要求品牌的竞争力不仅限于传统的技术端，更需要提升为核心输出能力，从而转化成品牌势能。

高成长性行业往往意味着对资金、技术、人才等优质资源的不断吸纳，但高成长性行业的不确定性风险较大。高成长性企业存在创新行为，创新行为是否能够在竞争中取胜，则取决于品牌所代表的是不是需求的发展方向。

特征三：产业宽满足需求

在品牌营销领域，言必提定位。在实际管理中，定位依旧是行之有效的方法。市场上有许多基于定位理论操作而成为标杆的企业：加多宝、东阿阿胶、诺贝尔瓷砖、瓜子二手车……但需要看到的是，没有任何一种方法论能够解决所有问题，在中国这片瞬息万变的土地上，出现了很多难以用定位去解决的品牌难题，尤其是当小米、乐视、美的这些复杂品牌出现的时候，如果非要用定位理论，也只能从业务定位的角度去解读，从而丧失了从品牌角度解读的能力。

生态品牌是未来品牌的形态，基于品牌势能的进化能力决定其存在周期。进化意味着变化，变化则意味着很可能会出现“聚焦”的位移。定位理论的核心是基于某一品类的竞争策略，而生态品牌基于市场需求产生，这就形成了天然的分歧。竞争需要聚焦，需要资源最大可能地集中，从而削弱品牌延伸的可能性；生态品牌却需要宽广的品牌设置去覆盖未来所能够满足的需求。

生态品牌的宽体现在以下两点：

（1）宽市场中的窄入口。生态品牌想要持久发展，撑起品牌生态圈，其品牌背后所代表的一定是一个宽市场，这个宽市场是行业级甚至产业级的市场，即“广阔天地，大有作为”，只有巨大的市场才会产生巨大的需求，进而产生大公司。而产业级的市场上下游拓展空间大，容得下各类品牌的生存。

宽市场代表着旺盛的市场需求和品牌延伸的可能性，作为品牌生态圈中的核心生态品牌则需要掌握宽市场背后的窄入口。

窄入口代表着一夫当关万夫莫开的重要性和稀缺性，是宽市场中存在的各类业态所渴望得到的关键要素，同时也不可复制，是其他品牌不具备的核心竞争力，也是切入市场的途径、方式。

京东背后代表的3C产业拥有万亿级别的规模，含有除了传统3C制造业之外的各种新兴商业模式以及传统行业与互联网嫁接的新模式。而被京东牢牢把握的则是该产业的流量入口，它经历了将“传统渠道搬到线上”的单一模式到形成“大快消事业群”“电子文娱事业群”“时尚生活事业群”三大板块，涉足电商、供应链金融、O2O、物流等诸多行业，并成功将单一的“流量、渠道”优势发展为“流量、渠道”“大数据营销能力”“物流”的品牌势能，并在发展过程中将建立势能所需的成本中心变成了利润中心。

只要能够通过京东商城持续服务好消费者，不断进行消费者流量抓取及大数据营销，凭借其强大的物流管理优势，深耕服务于3C领域企业，京东将会持续加高该领域的竞争壁垒，通过京东智能、京东东家等一系列平台，构建起庞大的生态系统，并跨越3C产业，对其他行业形成竞争并发起降维打击。

（2）品牌核心价值宽。生态品牌的核心价值生来就具有宽广性，这种宽广性是因为生态品牌并不是一开始就将自己局限在某一细分品类之内。它们一开始并没有刻意规划过自己的品牌，甚至可以说品牌的成长是伴随着业务版图的扩张自然形成的，所以导致这类品牌很难用一两句话去说清楚自己是干什么的，因为这个品牌下包含许多业态、品类、产品、服务。

生态品牌由于不断进化而失掉了一个品牌聚焦的可能性，导致生态品牌在品牌端所表现出的不是依托于某品类的定位，而是精神、愿景、价值观的核心价值传达，只有这样的传达才能够覆盖以满足需求为目标所产生的变化。

因此，生态品牌解决的品牌传达问题并不是传达我是谁，我代表什么产品；而是传达我想要做什么，我是具备什么精神号召力的品牌。前者传达的是切实的市场细分归属，后者传达的是对未来蓝图的规划以及精神价值归属。

作为品牌营销从业者，应该怎样看待生态品牌？如果遇到这样的品牌，该怎么为其制定相应的品牌策略？这是需要仔细思考的问题。

品牌是企业、产品、服务所展现给消费者的形象，这个形象在实际经营中往往有两张脸：一是企业想要传达给消费者的品牌形象，一是基于消费者自身认知而形成的品牌形象。在门窗领域有一家名为旭格的德国品牌，因为是以 B2B 为业务模式，所以在品牌定位上企业想要传达的形象是“门、窗和幕墙系统解决方案的供应商”，但在实际市场中，下游生产商及消费者的实际认知则是“铝合金门窗中最高端的品牌”。

品牌的塑造最终是用来在心智中形成印象，对谁说、说什么是至关重要的，只有在这个层次上统一，才可以在传达和认知上做到两张脸不分离。

传统的做法倾向以品牌定位基于市场竞争主导品牌策略、资源投入，利用差异化明确地占领细分品类市场，与竞争者去抢位次，所以主要考虑消费者、竞争者的层面。而生态品牌的出发点则在于对“需求的满足”，连接着更多的层面，需要研究的层面除了消费者、竞争者，还有上下游以及资本运作、政府层面。因此在做品牌规划的时候，就要厘清口径，以实现其包容性。

在生态品牌的品牌规划操作中，需要放弃定位的逻辑，通过平衡四大层面的统一，提取出能够被这四个层面都接受的核心价值。这个核心价值是开放的，可以不断扩容。小米最初的“为发烧而生”，其实是基于核心人群的需求所提出的，但当品牌随着企业做大而变强时，小米又给自己贴上了“品质国货”的标签，这样的标签会有更宽的包容性，对内可以跨越品类，对外则可以沟通更多层面。

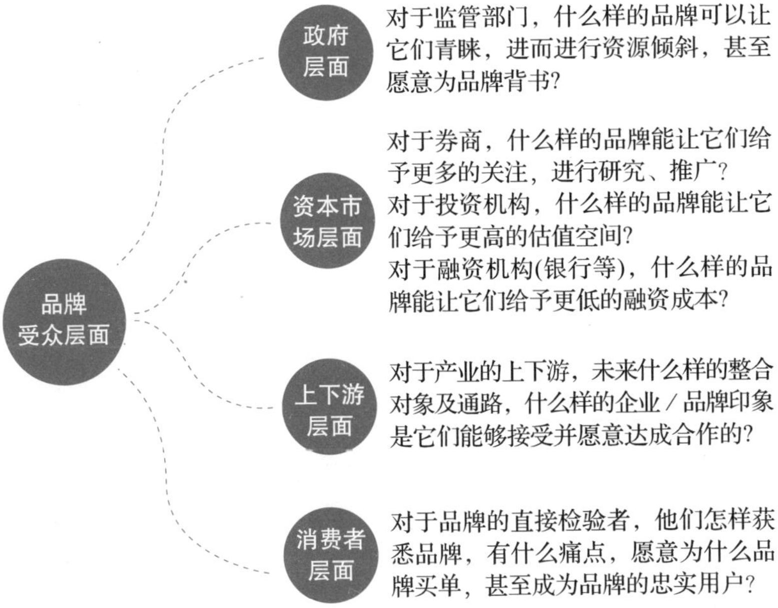

05

生态品牌的外部三大关键词

对于许多人来说，生态品牌内在外在的表现形式需要长时间探索。那么，在设计品牌时，要把握哪些原则呢？有三个关键词需要认真对待，即关于生态品牌的建设与维护有三大要素——迷人、互动与持续。

迷人：让用户与你“情投意合”

品牌塑造通常分为三个阶段。第一阶段即核心阶段，需要品牌拥有方进行品牌要素设置，明确品牌定位、品牌战略规划或品牌核心价值、愿景、使命等品牌的核心设置。这是品牌未来走向的初始，一系列市场营销活动都将以此为中心展开。第二阶段即品牌形象具象化，基于第一阶段的核心要素进行平面设计、营销主题设计，将要素进行落地展现。第三阶段则是基于品牌形象进行品牌传播规划：策划品牌事件、规划品牌传播，并配合软文、视频等多种形式，通过筛选媒体及社交通道进行释放，然后以市场反应，完成 PDCA 循环。

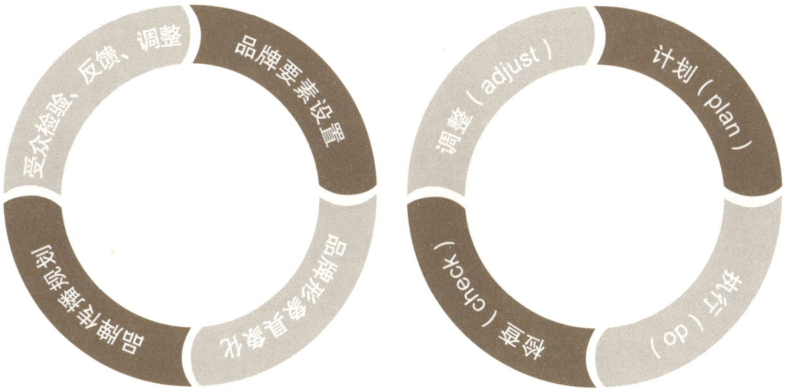

本章所谈及的迷人这一要素，就是生态品牌塑造第一阶段品牌要素设置中的核心，也是生态品牌的品牌基因中所必须携带的魅力，这种塑造方式有别于传统的品牌定位方式。

迷人通俗来说就是使人陶醉，在品牌塑造中分为两种形式，一种是人与人之间的吸引，一种是人与非人之间的吸引。

在实际操作过程中，有的品牌最终建立的是人与人之间的吸引，以拟人的形式赋予品牌人格，完成互动，进而在消费者中建立“情投意合”的品牌忠诚度。另外一种即设置精神吸引力，是基于审美、价值观所建立的人与非人之间的精神联系，赋予品牌某种精神价值的认知，进而在消费者中建立探究－认同－沉溺的品牌忠诚度。

第一，做一个和消费者“情投意合”的生态品牌。

在中文里，能用迷人修饰的东西不多，我们通常会说迷人的微笑、迷人的身材。或许放在英文里更好解释——charming、attractive，即有魅力、有吸引力的，也有人将其理解为温度。与传统品牌相比，生态品牌应更有温度，不是冷冰冰的，而是越来越具有社交性质，并能够展现社交中类人的一面，具备各种性格支撑，形成迷人的、可探究的品牌效果，这种品牌效果通常通过两种方式来实现：

（1）创始人的性格赋予品牌性格。很多品牌的温度都来自其背后的故事。国际大牌喜欢讲故事，尤其是百年历史的品牌，都有自己的品牌故事。优雅独立女性典范可可·香奈儿（Coco Chanel）的励志创业故事被后人传诵至今。香奈儿的创始人可可·香奈儿1883年出生于法国，6岁时母亲离世，父亲丢下她不管，可可·香奈儿在姨妈家长大，在修女学校学了一手针线手艺——独立自主的女性形象。1910年，可可·香奈儿以女帽店起家，摒弃了当时流行的花俏帽檐设计，开创了简洁耐看的帽子时代。20世纪20年代，可可·香奈儿开始设计女装，她从男装上获得灵感，一改当时艳丽的奢靡风气，把西装样式加入女装设计中，还在那个并没有女裤的时代为女士设计了裤子。显然，香奈儿女士的独立精神已经融入产品设计中，今天，这种“独立”已经成为香奈儿的品牌形象，拉近了与消费者的距离。

品牌背后的故事也有强悍风的。美国 91 岁的老太太格特·博伊尔（Gert Boyle）就为自家站台代言，将哥伦比亚打造成全球第一大户外品牌。哥伦比亚原本是她父亲经营的帽子店，后来转为生产雨具等。在父亲与丈夫相继去世后，博伊尔接下了公司这个烂摊子，开启了哥伦比亚的复兴之路。她将公司产品扩展到户外运动服装领域，并且出任哥伦比亚广告的女主角，在冰天雪地里飙车，为自家冲锋衣拍广告，甚至开始到世界各地演讲，还出自传，大谈特谈自己是个多么严厉的母亲。博伊尔想要告诉客户：哥伦比亚的产品和她一样“强悍”。只不过，她的述说方式是讲故事，品牌形象便因此更加立体。

（2）品牌拟人化。国内知名的弹幕网站 B 站和 A 站（Acfun）分别拥有二次元的形象，B 站是一对 bilibili 姐妹，用户称其为 22 娘和 33 娘，姐姐 22 娘处理用户反馈和漏洞，妹妹 33 娘负责服务器维护，深受用户喜爱。基于这种 22 娘与 33 娘的二次元设定，用户衍生了一系列 coser、漫画、海报等，为其丰富人设，构建故事，不断进行跨圈层传播，进一步增强了品牌的拉动能力。虽然目前 A 站处于风雨飘摇的境况，但 A 站的吉祥物 AC 娘，通过表情包在全网范围内传播，就算 A 站失去了竞争力，但因为 AC 娘的存在，也能在消费者心智中留下记忆。

品牌的拟人化因为性格的开放性，更容易在传播过程中由用户进行二次创作、赋予性格。在这种性格中，每一种性格标签代表一种兴趣圈层的喜好，从而达到在不同圈层中深度传播、跨圈层传播的目的。

第二，做具有精神号召力的生态品牌。

国内一些工业产品的品牌因为不适宜讲创始人的故事，就抽取创始人或是代言人性格中的可感知标签赋予品牌，比如近年来一夜之间大火的无人机品牌大疆。大疆并没有过多地进行品牌营销，宣传片也不描述品牌形象，主题都是在阐释产品功能，但大疆将创新写入了品牌基因。其创始人汪滔以及高管团队的专业背景、对技术创新的追求，都在市场中准确鲜明地呈现出“创新”的特色标签，而这种特色标签是明确的知行合一，反映在产品、言行、品牌的精神面貌上，虽然没有进行品牌塑造，却让用户形成了市场对品牌的认知。

在国内菜谱行业的 App 中，因为同质化较高，单款应用已经可以满足绝大部分用户的日常需求，因此 89.1% 的用户仅安装了一款菜谱类应用。在厮杀激烈的 App 中，突出重围的是下厨房。这款 App 与其他 App 不同，经过 6 年的摸索运营，它已经从单纯的工具蜕变为互动属性明显的社区，品牌活动、烹饪直播、厨品电商、电子书等特色鲜明的运营方式增强了用户黏性。强大的内容及社区优势使其 30 天留存率为 71.8%。

如果剔除运营的要素，从品牌的角度来解析，下厨房带有明显的人文色彩，相比豆果、美食杰、好豆等同类 App，下厨房更给人一种岁月静好的气息，将美食与生活、文艺更紧密地连接在一起。它为自己选了一句传播口号——唯有美食与爱不可辜负，在以女性为主的目标群体中首先获得了好感。其线下位于一座老北京四合院里的食材测评工作室则起名为“山川与湖海”，来源于万能青年旅店的歌词：“是谁来自山川湖海，却囿于昼夜，厨房与爱。”这些看似不起眼的品牌要素，实际上精准地感动了目标人群，让他们在社交平台上为下厨房做免费传播。

我们回过头来探寻下厨房的高管履历：其创始人王旭升、合伙人盖磊均在豆瓣中担任过重要职务。

分析下厨房的品牌为什么能成功时，我们不妨考虑以下情况：下厨房用户中画像女性用户占比高达 79.5%，而且有 66.5% 的用户年龄处于 20 ～ 30 岁之间，而文艺青年的主要构成即年龄处在 18 ～ 30 岁之间，且在音乐领域热衷于民谣。

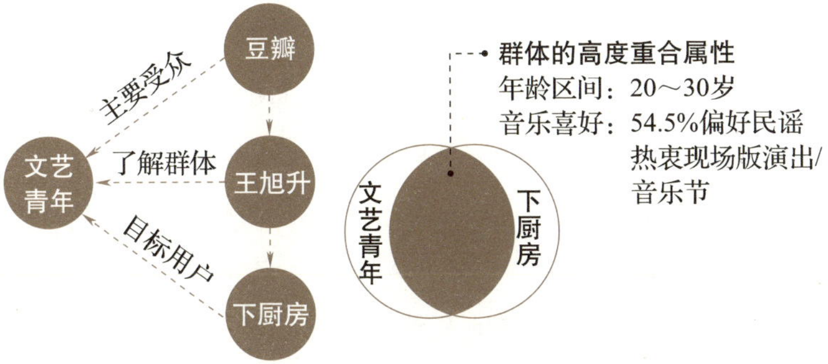

资料来源：极光大数据《菜谱 App 行业报告》；LOFTER 2016 文艺青年研究报告。

凭借创始人在豆瓣工作多年所积累的对用户的了解，下厨房掌握了对目标用户喜好的精准把握，使得下厨房这款 App 所呈现出的气质，最大限度地与用户实现了情投意合。

互动：让用户给你“二次生命”

第二个关键词是互动。生态品牌应该与用户建立一种互动关系，通过不断的沟通、反馈，增强用户黏性，不断改进。有着长远规划的知名品牌，客户关系管理已经与企业品牌整合，提升到战略高度，尤其是在快消产品与以零售为主的时尚产品中，因为与大众消费者接触的频率颇高，互动体验占据十分关键的地位。

第一，互动是品牌曝光的重要手段，是对目标消费者不断的巩固和开拓。

提到互动体验，可口可乐的品牌互动当属全球品牌中注重客户关系维护的最经典案例之一。其近几年来的品牌互动创新从未被超越，如近年大热的“台词瓶”营销。可口可乐与中国最大视频平台之一优酷携手，基于庞大的用户数据，结合调查反馈，在当年几部大热的影视剧与大电影中，挑选出几十句最耳熟能详的台词印在瓶身，比如《咱们结婚吧》中的“咱们结婚吧”，《万万没想到》中的“下辈子，还做兄弟”，这样别出心裁的对话，便是与消费者的互动。正面、积极、青春代言人的可口可乐品牌形象，在互动中得到巩固。

可口可乐的品牌互动体验还有公益性质的。为了鼓励人们回收利用可乐瓶，可口可乐曾发起活动，为消费者免费提供创新瓶盖，只要把瓶盖拧到旧可乐瓶子上，即将废弃的塑料瓶就变成了水枪、笔刷、照明灯、转笔刀等。可口可乐将这个变废为宝的活动命名为“第二生命”。如此正能量的品牌互动还有求抱抱的红色可乐售卖机、工地的“瓶盖硬币”公共电话亭，脑洞大开的创意让消费者有了最直观的品牌体验。

值得一提的是，如今的品牌体验又有了新花招——快闪店。你可能还没听过这个概念，但一定见过。这是一种在特定地点、利用有限时间给大众带来不一样体验的“游击店”，这种店通常只开设比较短的时间——几个月、几个星期，甚至只有几天，时间一到就关门，人去楼空。耐克、香奈儿、路易威登都开过快闪店，这些品牌花钱盘场地、装修、请员工，并不指望在短时间内回本盈利，而是以此宣传造势，为消费者提供不一样的品牌体验。比如，时尚快消服装品牌 H&M 在荷兰海牙的席凡根海滩开过一家快闪店，店面是一个大号的集装箱，一共就开了两天。其实这样一家标新立异的门店是和水援助组织合作开设的，水援助组织是一家国际非营利组织，致力于改善供水渠道和卫生系统，提高人们的生活质量，所以这样一家快闪店颇具公益性质，让顾客耳目一新的同时，也传播了品牌的公益理念。

也有专门做品牌体验的快闪店。2014 年，美国设计师马克·雅可布（Marc Jacobs）为其名下的小雏菊香水开了一家快闪店，为期 3 天，却不售卖任何商品，顾客可进店体验马克·雅可布的各种新品。此外，被装饰成与品牌同风格的快闪店还成了一个美甲、听音乐的场所，这样的环境让消费者有机会更深入地了解品牌文化，消费者在相应的空间内更容易产生与品牌的“化学反应”。

第二，互动是品牌的二次生命，是品牌自进化的过程。

品牌的原点起于企业，企业会根据细分市场的需求、品类、产品的功能利益点、与竞争者的差异化等一系列因素来设置品牌要素，然后将它抛入市场，但这并不是品牌最终的样子。品牌最终的样子是由企业和消费者合力呈现的，而互动的终极目标是通过目标客户群体不断丰满品牌，最终将品牌变成他们想要的样子。

由于文化具有传导性，存在“重度的上位圈”传导至“浅层的中下位圈”的过程，因此品牌的自进化互动也存在这样鲜明的特征：最初与消费群体的互动，来源于关键意见领袖（key opinion leader，KOL）所引领的互动。

金山旗下的一款网游《剑侠情缘叁》(以下称《剑网三》) 起初也只是一款普通的 MMORPG 网游，而通过长期运营中总结的策略引导，《剑网三》内部形成了由以资深玩家为核心延伸出的“帮会”“阵营”“师徒系统”等多种社交关系，对新人的传帮带社交关系降低了新人的游戏难度，极大地存留了玩家，除了游戏策划所设置的游戏自身可玩性，还形成了玩家自发形成的社交氛围。在游戏外还吸引了具有创作能力的网文写手、插画师、漫画师、广播剧演员等多项领域内的 KOL，通过 KOL 的力量，在全网掀起了有关《剑网三》的周边内容创作及 IP 二次开发。

由此，在玩家眼中《剑网三》并不是一款普通的游戏，而是宅基腐文化的交流平台、换装社交游戏、大型八卦衍生地以及可与世纪佳缘一战的年轻人的相亲平台。

而这些标签并不是《剑网三》的运营团队所提供的，而是由 KOL 和普通玩家不断丰富，赋予了新的意义。

持续：让用户对你“不离不弃”

持续是生态品牌打造与维护的最后一个关键词。从持续性上看，打造生态品牌除了产品品质不断提高、产品研发能力不断提高，还应保持持续曝光、持续改进，持续进行品牌维护与推广。在如今受众注意力撑不过三天的时代，消费者都是“朝三暮四”的，在这样的背景下，品牌的管理和维护尤为关键。

持续的方法之一是重复。一句话多重复几遍，消费者自然潜移默化地受到影响。做羊毛织品的恒源祥深谙其道，广告词“恒源祥，羊羊羊”没玩任何文字游戏，也并不致力于传输所谓的价值观，但在同一时间内大量地重复，让消费者记住了“恒源祥”这个品牌，让顾客形成了固定联想。同样将重复技巧运用得炉火纯青的还有“怕上火喝王老吉”，因为重复播放，看到这几个字大众消费者甚至能不自觉地唱出来。

也有持续重复标志的。不得不说，大大的标志曾经是品牌刷存在感的一个方法。想要品牌具有可识别性，标志抢眼成了简单粗暴但行之有效的方法，例如路易威登、耐克、苹果，很多消费者大老远就能辨识出这些无处不在的标志。当随处都是大大的标志时，品牌的整体存在感变得更有可识别性。比如苹果，店面是白色的，笔记本是银白色的，耳机是白色的，广告通常也是简单的黑白两色的，简洁与白色便成了苹果的专有属性，一旦以此刷起存在感来其格调就要高多了。

持续的方法之二是尽可能多地连接更多触点进行持续曝光。不从事品牌营销行业的人经常会有这样的困惑，那些声名够大的企业，为什么还每年投入巨额广告费不停地传播品牌？这些广告费的意义其实并在于让消费者去认识它们，而是在于让消费者不要遗忘。

（1）更多的触点——深入。在互联网裹挟着所有人主动或被迫前进的今天，每个人都在信息爆炸中生存，所以每个品牌都希望去抢占消费者有限的时间、精力以及关注度。以往，央视从上而下的传播力可以达到全民传播的目的，早期的孔府宴酒、秦池等靠着央视的强影响力，在短时间内拉升了品牌影响力。但自从互联网介入社交后，基于兴趣差异人们被打散在互联网的各个角落，甚至产生了人与人之间的“兴趣隔离”“审美隔离”等，传统媒体无法深入至每一个圈层，所以品牌需要更多的触点去连接自己。

2015 年对小米来说是坎坷的一年，由于当年主力机型 Note 没有达到预期销量，而期间产品小米 5 直到 2016 年才发布，使得 2015 年成为小米空白的一年。但从销量上看，其在华为之后居国内品牌第二，那么一个“无水花”的厂商是怎么维持增长的呢？

排名	2014 年		2015 年		2016 年	
	品牌	市场占有率	品牌	市场占有率	品牌	市场占有率
1	三星	27.8%	三星	24.8%	三星	22.2%
2	苹果	16.4%	苹果	17.5%	苹果	16.8%
3	联想 + 摩托罗拉	7.9%	华为	8.4%	华为	9.3%
4	华为	6.2%	小米	5.6%	联想	6.1%
5	LG	5.4%	联想	5.4%	小米	5.8%
6	小米	5.2%	LG	5.3%	LG	5.0%
7	酷派	4.2%	TCL	4.0%	TCL	4.0%
8	索尼	3.9%	OPPO	3.8%	OPPO	3.9%
9	TCL	3.3%	BBK/vivo	3.3%	BBK/vivo	3.4%
10	中兴	3.1%	中兴	3.1%	中兴	3.1%
	其他	16.6%	其他	18.8%	其他	20.3%
总额（单位：百万部）	1 172.30		1 292.70		1 397.10	

原因在于小米的自身业务虽然没有形成热点，但其生态

链上的产品帮小米品牌维持了热度。圈铁耳机、蓝牙游戏手柄、运动相机……当年的爆款都是小米对于消费者的触点，无一不在推高小米的品牌热度，为品牌维持了高曝光率，并拓展了新的客户群体。如果单纯以小米手机去转化苹果的消费群体，无疑是一件很困难的事，但通过手机之外的爆品去转化苹果的消费群体，则很简单。小米正是通过这种方式，建立了与苹果消费群体的触点，通过这种触点建立了该消费群体对小米品牌的认知。当该类消费者产生转化操作系统需求的时候，第一个想到的也许就是小米。所以，小米虽然在2015年暂离了江湖，江湖上却热闹地流传着它的传说，并感染着消费群体。

2015年的两部电影更能够明显地表现出关于触点的重要性。

徐浩峰导演的《师父》于2015年上映，主演为廖凡、宋佳、蒋雯丽、金士杰、宋洋等人。豆瓣上有149 316人评价了这部电影，评分高达8.1分，好于96%的武侠片以及93%的动作片，对于国产电影来说，这是一个相当漂亮的评分。但《师父》的最终票房仅为5 478万元，对于国产电影来说，这是一个很不利的票房。

同年还上映了一部票房为6.49亿元的国产电影——由邓超、孙俪主演的《恶棍天使》，豆瓣上共有89 014人评价，评分4.0分，仅好于3%的喜剧片。

在豆瓣有很多这样的例子，评分没有超过5分的四部“小时代”创造了超过15亿元的票房，评分超过8分的《心迷宫》

《嘉年华》《万箭穿心》等票房惨淡。

电影本身就是一个产生利润的产品，质量是核心的评价依据，却不是能够产生利润的唯一要素。剖析《师父》与《恶棍天使》我们会发现，《恶棍天使》虽然电影质量远远不如《师父》，它所连接的节点却远高于《师父》，这就导致了流量产生的金钱利益大于《师父》。当我们唾弃所谓学艺不精的流量时，却不能忽视流量本身所带来的力量——在不知不觉中，流量所连接的阶段已经足够多，深入的圈层已经足够大，这是短短的电影宣传期所无法触及的。

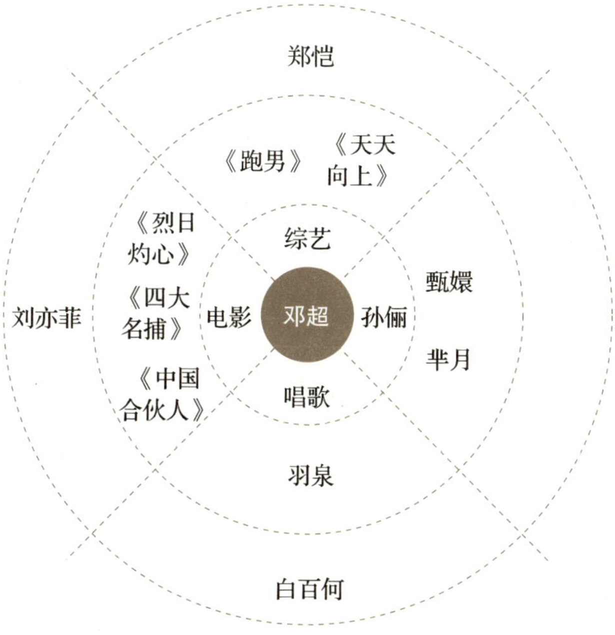

《恶棍天使》主演邓超在电影上映前的高频节点

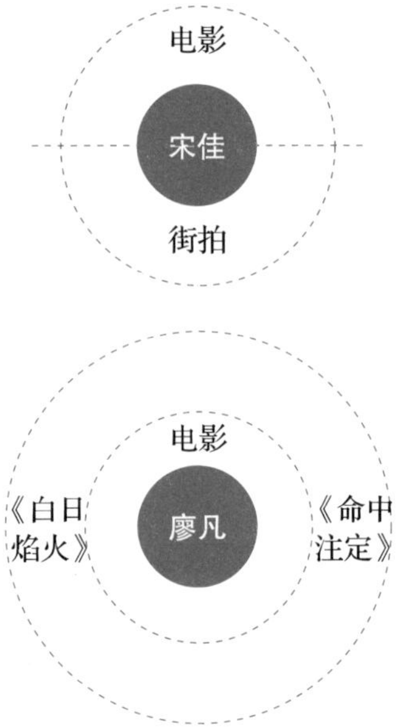

《师父》男女主演在电影上映前的高频节点

邓超、廖凡百度指数比对（截至 2017 年）如下。

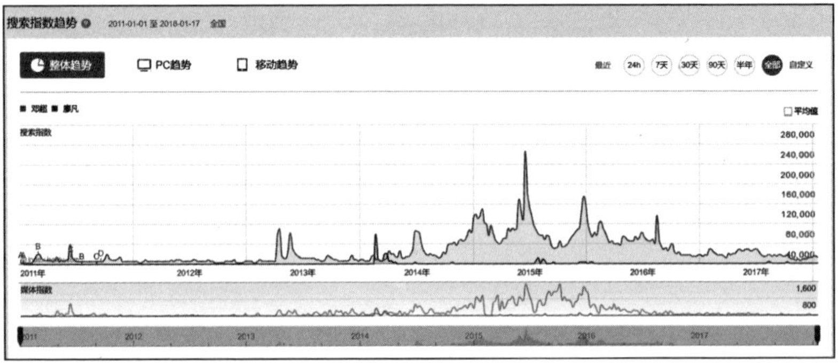

（2）更多的触点——宽广。更多的触点带来的最大好处就

是不做任何维度区分的持续性曝光，即宽广。娱乐圈是由一个个明星构成的，同时也是由一个个品牌构成的，明星所做的是为自己设置性格、格调、特征，引起共鸣，形成仰慕，抢占粉丝心智，这和品牌所做的并没有区别。所以，说娱乐圈是由个人化的品牌组成的也无可厚非。

在娱乐圈中，持续性曝光的作用非常明显，下面是胡歌的百度指数。

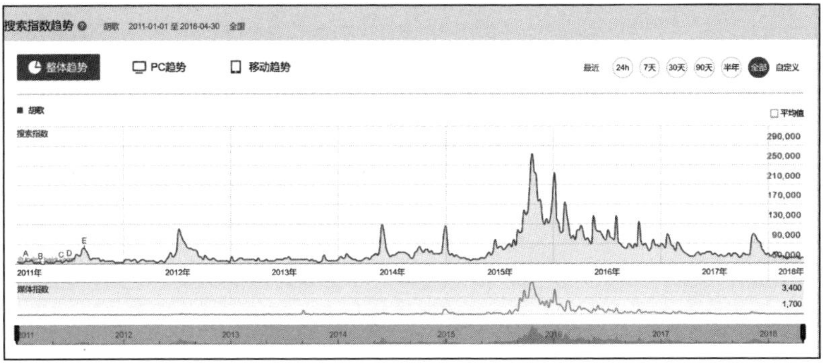

可以看出，胡歌的第一次热度高峰在 2012 年 7 月，此时正值胡歌的热剧《轩辕剑之天之痕》开播预热。第二次热度高峰在 2014 年 5 月，《生活启示录》开播预热。与其他年份相比，2015 年是胡歌曝光度较集中的一年，这一年内胡歌出演了三部大戏《琅琊榜》《伪装者》《大好时光》，三部戏总点阅率累计破 190 亿次，并斩获了金鹰奖“观众喜爱的男演员”与“最具人气男演员”双料奖项。持续性曝光的好处是显而易见的，据媒体统计，胡歌全年累计接了 30 多个代言，进账约 1.9 亿元，影响范围较大的品牌有猎聘、畅优、百度钱包、中国平安、美汁源、索尼、大话西游、小红书、必胜客、现代领动、雅迪、QQ阅读……这充分证明电视剧这种能够长时间进行曝光的载体虽然光环效应不及电影，但能够带来绝对瞩目的跨圈层流量。伴随胡歌的休整和读书，2015年后热度开始下降。

这里无意指摘演员个人道路的选择，对于品牌来说，保持高频，连接更多的节点，意味着宽广和深入。宽广即不做任何维度区分的持续性曝光，深入则是连接特定属性的圈层。十几年前，品牌花大笔钱做到宽广就可以很轻松地建立起知名度，拉动销量提升。而现在，只有宽广而没有深入，并不能精准锁定消费者，只能空有名而没有销量。

06

生态品牌的内部三大关键词

优秀的生态品牌具有迷人、互动和持续的特征，这是我们设计品牌时的外显标准。在具体操作和营销、管理的过程中，培育生态品牌的公司掌舵人也应该遵循三个管理关键词：柔性、人才和共赢。

柔性：成为自我调节的组织

一个能够建立生态品牌的企业一定是具有基因的，这种内在基因表现在运营管理上是通过柔性组织实现的。

传统的企业组织受管理学理论的影响深刻，在组织结构中强调一个人管控的人数不应该超过八个，因此在管理中，运营管控的组织通过多层级化实现了精密运转。近些年，面对新技术引发的快速跑马圈地的需求以及市场激烈竞争的要求，扁平化组织显示出反应快速的优势，尤其是互联网企业，在去层级化方面表现突出。由于细分领域专精团队的涌现和跨行业跨产业合作的兴起，在平台化组织改造的过程中，合伙人、事业部、阿米巴等多种形式受到企业青睐。

打造生态品牌的企业需要达到三个运营目标：

（1）能够对市场做出快速反应。

（2）能够适应生态建立的需要。

（3）能够打破合作阻力，在内部高效运作。

达成以上三个运营目标，企业需要在内部建立柔性的组织形态。柔性组织的最大特点是能够与动态的竞争环境匹配或相适应，并具有自我调整的能力。

柔性组织具有动态、扁平化、网络化的组织结构，具有更大的灵活性和适应性，能够为生态品牌的构建提供更广阔的空间和自主权。

北欧知名手游公司 Supercell 在粉丝心目中是殿堂级别的存在。2015 年实现 23 亿美元营业收入，9.24 亿美元利润，市值超过 55 亿美元，成为全球最赚钱的手游公司之一。但如此一家业内明星企业，第一款成功产品上市时公司仅有 15 人，发展至今也不过拥有一支 190 人的队伍，旗下所有产品只有区区 4 款游戏。

业界为其产品而赞叹，我们需要知道的是，Supercell 为了贴近受众，采用倒三角的权力架构。这种倒三角的组织结构是：

将组建团队的管理权交给开发者并支持他们，而高层管理人员只是服务者。这种做法更像是在公司内部培养不同的独立初创团队，也就是我们看到的“海尔 - 雷神”这种培养模式，以及在众多平台化企业中的内部孵化。

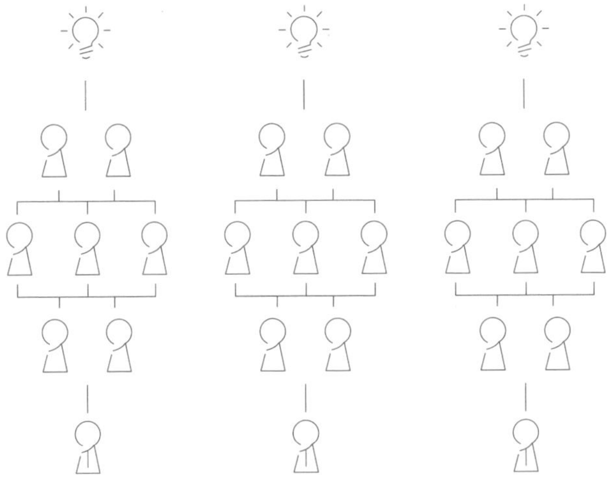

Supercell 的创始人潘纳宁（Ilkka Paananen）认为，与市场接近的一线员工因为了解市场情况，更适合充当决策者。于是，他和几个高管很大方地给了每位员工支配自己时间的自由，新产品的开发也由他们投票决定，潘纳宁和高管绝不会插手。这些初创团队正如它们的名字——细胞一样，独立而又聚合地创造了 Supercell。这种扁平化管理和权力下放的机制，让 Supercell 就像一座倒金字塔，最底层的员工到了最顶层，而塔尖的 CEO 成了最下面的协调员，潘纳宁就说自己是公司“最没权力的人”。

如今 Supercell 已吞下昔日诺基亚的研究总部大楼，在赫尔辛基设立总部，在东京、北京、旧金山和首尔设立办事处。如此一家跨国公司，却被美国著名的科技媒体《连线》形容为一派祥和，散发出宁静气息。

在 Supercell 芬兰总部，办公室很安静，门前有一堆鞋，员工们穿着袜子走来走去……每个人都戴着耳机，有的静静坐着，敲着键盘。

这种柔性组织因为单元小，决策层级少，所以能够在激烈的竞争中迅速适应市场需要进行调整，如 Supercell 一般，一个产品的调整不需要层层上报，而是在团队内部就可以解决掉，极大地提升了效率。

在产生生态品牌的组织中，往往需要打破组织之间的边界。小米采用的是合伙人制度，在创业初期由 7 个来自不同领域的大咖组成合伙人队伍，相对独立，决策高效。但在实际运作中，根据问题可以随时进行组队配合。在生态链建设中，这种组织形式被保留下来并进行了改进，最终形成采购、品控等按功能划分的职能支撑部门 + 投资人形式。职能提供发展支撑，投资人分组管理投资公司。而在监管制衡上，采用代表孵化公司利益的公司负责人 + 代表小米利益的产品经理组成的监管机构。

在快速变化的行业里，在跨界整合中，在生态品牌发展时，组织构成需要能够与发展协同奔跑，成为发展的助力，而不是发展的桎梏。

人才：成为 KOL

比之传统品牌运营，生态品牌运营对人才提出了更高的要求。在人才方面，可以分为内部运营需要和外部成长需要。

在生态品牌内部运营中，由于需要对市场进行灵活快速的反映，因此要求品牌背后的运营团队以一个柔性组织的形式出现。由于品牌进化的多变性以及决策层级少，运营团队对人才提出了更高的要求。

在品牌实际落地的过程中，需要一个能够把控生态品牌精髓的人进行引领，这种人才往往需要具备以下才能：

（1）战略能力：能够在不同阶段以战略的眼光调整品牌生态圈的构成与发展。

（2）品牌顶层设计能力：能够基于生态品牌的发展过程，不断修正品牌精髓，提炼具有共鸣的价值观。

（3）品牌落地运作能力：能够基于品牌的发展在不同圈层中进行品牌传播，形成品牌自有社群。

（4）资源整合能力：能够引入资源，建立价值流动通道，形成以生态品牌为核心的品牌生态圈。

所以，未来能够引导生态品牌发展的人才是复合型人才，不再仅仅是品牌营销人才。以构建生态品牌为目标的企业，应该具有这样的认知：不应该再寻找品牌总监，而应该去寻找CEO。

企业生态圈的建立方式分为自建和共融，生态圈的每一个物种都需要有 KOL 作为领导者。无论是自建还是共融，生态品牌都需要多与其他生态板块中的物种进行赋能式拉动，所以对人才的要求很高。

需要注意的是，人才不仅存在于公司内部，粉丝群体中也有人才，比如最近大热的粉丝 KOL。什么是粉丝 KOL？他们是在客户群体中具有相当话语权者。比如知乎、微博大 V，行业达人，自媒体人，活跃的微信群、QQ 群群主或者明星。在生态品牌发育过程中，因为圈层传播和口碑传播的环境，粉丝 KOL 是领导品牌受众的关键，是品牌传播的关键，更是品牌改进的关键。

跟投粉丝 KOL 传播的例子不少。健身 App——Keep 创始人王宁就看上了综艺节目植入推广这个路数。经过研究，团队觉得综艺节目《快乐大本营》的观众群体与 Keep 目标人群吻合。有一期节目是鹿晗、杨幂和朱亚文宣传电影《我是证人》，团队觉得三位主演人气颇高，预估节目会取得良好的收视率，最初找到鹿晗，希望做一次广告植入。由于费用原因，最终选择朱亚文担任粉丝 KOL 来植入发声。当主持人问到如何保持身材时，朱亚文趁机介绍了这款运动 App。结果 Keep 在节目播出当天就新增用户接近 100 万，统计一个月的新增用户数据，平均成本大概是每个用户 0.5 元。

聚美优品创始人陈欧身为 CEO 的同时也是粉丝 KOL。通过公关团队的运作，陈欧拍摄了“为自己代言”系列广告片，甚至在湖南卫视《百变大咖秀》综艺节目中刷脸。在他的创业圈、在聚美优品的粉丝圈，陈欧无疑都能引起相关人群的关注和共鸣，他就是自己品牌的粉丝 KOL。

罗永浩也是最具代表性的粉丝 KOL。2001 年开始，罗永浩担任北京新东方学校美国研究生入学考试（GRE）讲师，幽默风趣的讲课风格让他成为新东方最有意思的老师，成为粉丝心目中殿堂级的文艺青年。2006 年罗永浩从新东方辞职，2012 年创办锤子科技有限公司，公司的英文名“Smartisan”是由“smart”和“artisan”组合而成的词，意思是“智能手机时代的工匠”。在他的手机发布会上，粉丝还是捧场，时时哄堂大笑。如今，他的“坚果”手机消费群体大多数是其实打实的粉丝。

共赢：成为共生的伙伴

最后一点是“共赢”，公平公正的利润分割绝对是维持生态圈稳定最重要的方法。在生态圈中，每一个板块都有价值，分清价值所在，然后资源投入，进行利润分割，是生态圈稳固的条件之一。

生态品牌的运作想要达到共赢，首先要建立自上而下的一致价值观，其次要设置适合的资源对价。

价值观的意义在于指导企业从上到下实现目标的精神信条及思维方式，直接影响企业对未来发展的判断和对市场、客户的态度。对内部运营而言，具有效率提升的作用，也可以减少因价值观不合而引发的路径矛盾。对外部合作而言，则在企业拓展节奏、筛选合作伙伴等方面决定企业的执行方式。

在生态品牌的运作中，价值观决定着品牌调性，决定着吸引什么样的客户。企业、品牌、消费者价值观一致的情况下，品牌才具有对消费者源源不断的吸纳能力，消费者才有与品牌互动的欲望，品牌才能够依托这种互动进化成长。

设置适合的资源对价决定了在柔性组织中设置怎样的方式才能与生态单元更加紧密地捆绑。资源对价的形式多种多样，在运营过程中主要分为对内以及对外两方面，对内的薪酬体系、股权激励、利润分割、资源服务是资源对价，对外的股权配比、资源输出、利润划分也是资源对价。

资源对价的本质意义是无论在企业的内部还是外部，均以公平的方式、采取合适的做法厘清无形资产，做好有形价值的分割。

07

生态品牌建设五步法

生态品牌的内部发展是由其战略决定的，在了解了生态品牌的定义、特点和关键之后，作为品牌营销领域的操作者，具体要如何构建一个生态品牌？构建生态品牌又有哪些方法？本章就来说明在实际操作中如何通过五步打造一个生态品牌。

第一步：找到一颗生态品牌的好种子

有人说，打造品牌跟培育一株植物有点像，从战略制定到运营，一路使劲儿推着它成长。你可能会由此想到，幼苗有好有坏，品牌也是如此。在品牌学中就有品牌基因（brand DNA）的概念，包括品牌核心价值和品牌个性。

生态品牌的基因是决定该品牌能否生态化发展的重要因素，

是支撑生态品牌的内在原因。

那么，什么样的基因才能说具有生态发展的可能性呢？至少有三个评判标准：（1）是否具有社群基础；（2）是否具备进化能力和进化空间；（3）是否具有包容性。

首先，是否具备社群基础。社群是建立生态品牌知名度和忠诚度的关键，决定了生态品牌的生存周期。

快消品的品牌打造就是例子。快消品是指使用寿命较短、消费速度较快的商品，比如食品、饮料烟酒、个人卫生用品。全球有几个知名的快消品品牌，例如宝洁、联合利华、雀巢等，它们价格低廉，在大多数消费者的绝对购买力之内，属于生活必需品，所以站在货架前的消费者很少会花很长时间思考比较。快消品另外一个重要特性是非耐用，导致商品复购率高，因为消耗快，消费者要多次购买，因此对商品熟悉度很高，在购买此类产品时通常都是瞬间决策的。由于以上几个特性，快消品有固定的消费圈，想想你家的沐浴露、洗发液、洗手液、厨房调味料，来来回回其实就那么几个耳熟能详的牌子。

专业性颇强的品牌没有形成生态圈、打造生态品牌的基础。卡特彼勒（Caterpillar）是美国著名的建筑机械和矿用设备生产商。卡特彼勒于 1904 年创办，历经百年发展，其机械和发动机遍布世界各地，应用于食品、能源、房地产、矿产各个领域，在《财富》世界 500 强企业中名列前 100 名。由于其产品的高专业性，通常涉及巨大金额，买挖掘机的肯定不是能独立做判断的消费者，而是有多人甚至多个部门参与决策。所以，与宝洁、雀巢、联合利华等快消品品牌相比，卡特彼勒等专业性强的品牌在消费者决策方面有根本差别。

这种属性注定没有发展成为生态型品牌的基因。消费者思考少、互动少、购买迅速，达不到社群形成的基本要素；而在产业链端，由于单一化生产，与上下游交集少，也无法形成生态拓展。

其次，是否具备进化能力和进化空间。进化能力和进化空间是品牌能否生态化的至关重要的条件，如果一个品牌在某一领域存在无法逾越的竞争力，而不具备进化能力和进化空间，那么只能成为某细分领域的优秀品牌，而不能成长为生态品牌。

同样是摩托车品牌，国内的钱江和国外的哈雷呈现出完全不同的情况。随着摩托车市场的萎缩，国内曾经首屈一指的摩托品牌钱江摩托连续亏损，产量自 2011 年开始下降。自钱江摩托 1985 年生产出第一辆 250-B 至今，已经有三十多个年头，从中国的驰名商标到现在的不景气，固然和行业持续下滑有关，但也反映出其进化能力不足的缺点。与摩托车行业的领头者哈雷相比，钱江摩托的品牌缺乏进化能力和进化空间是阻碍其发展的重要因素。

（1）哈雷建立了以文化为根基的进化方向。

（2）在骑手的转化过程中，哈雷先行一步自进化以适应这种转变。

为自己的品牌建立文化性无疑是一种高明的做法，当功能性需求无法维系品牌价值的时候，品牌文化是强有力的拉手。

在哈雷的品牌文化发展过程中有这样三个节点：猫王时代、公路时代、美国队长时代。

在哈雷的发展历史上，猫王埃尔维斯·普雷斯利（Elvis Presley）是消费者中最大牌的粉丝，用现在的话来说，猫王绝对是粉丝中的KOL。1947年，猫王穿着哈雷品牌的机车冠军（Cycle Champ）夹克上了 *The Enthusiast* 杂志的封面，这成为哈雷时尚化的一个标志，从此哈雷通过时尚的端口不断传播品牌文化，而由猫王带起的这股风潮令该款夹克立即风靡全美。这位摇滚明星已离世多年，其最爱的座驾哈雷1956 KH依然陈列在哈雷博物馆中，成为镇馆之宝。

20世纪60年代，哈雷加入时代华纳《逍遥骑士》的拍摄。这是一部充满惶惑、否定、叛逆和悲剧的存在主义式公路电影，两位主人公开着哈雷摩托车，展现了嬉皮士文化中对自由、独立的追求。这部电影不仅成了60年代美国垮掉运动的经典符号之一，还反映了其自由精神。

新时代来临，为了拉近和年轻消费者的距离，哈雷摇身一变，在《美国队长》《复仇者联盟》中作为美国队长的座驾出现，符合美国队长的身份设置，又诠释了美国精神：自由、进取、富有责任感。

在与文化的不断交叠中，哈雷品牌最终传达给人们的可感知标签是：激情、自由、个性、反叛。对自由、进取、激情以及成功的追求，是人性共通的需求，而只有哈雷将自己化身成这些标签的物化载体，成为追崇者的精神图腾。

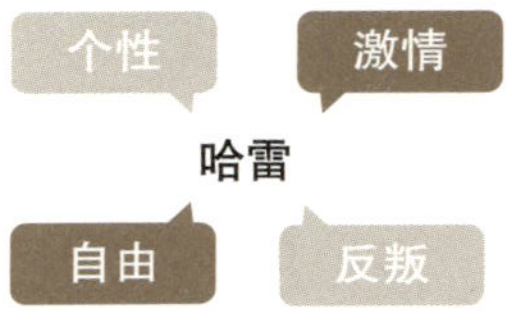

作为一个企业，没有什么比拥有成千上万的忠实粉丝更重要。

猫王：一代摇滚歌王，激情、信念、反叛、活力的标签折射者

猫王是哈雷历史上的忠实粉丝之一。1947年，猫王穿戴哈雷的夹克登上了*The Enthusiast*杂志，该款夹克立马风靡全美。

《逍遥骑士》展现嬉皮士文化中对自由、独立的追求

《逍遥骑士》是一部充满惶惑、否定、叛逆和悲剧的存在主义式公路电影，不仅是20世纪60年代美国垮掉运动的经典符号之一，还是自由精神的表现。

美国队长：美国精神的诠释者，自由、进取、富有责任感

在《美国队长》《复仇者联盟》中作为美国队长的座驾出现，符合美国队长的身份设置，又诠释了美国精神。

到 2014 年，美国的摩托车骑手中有接近一半为 50 岁或超过 50 岁的人，为了保住市场，哈雷开始适应新消费者的自进化。在危机到来之前，哈雷早在 2000 年就开始了进化之路，它在当年为新骑手开设了骑车课程，要求工程师设计出一款真正的初学者摩托车。

2013 年哈雷 Street 500 亮相，发动机不再轰鸣，在文明的社区中不会吵醒邻居，座位相对较低，售价也相对较低，只需要 7 000 美元，这样的进化产品一年内吸引了 65 000 名新骑手。

在长期的竞争过程中，哈雷喊出了与以前不同的广告语：9 款售价低于 12 000 美元的摩托车车型。

最后，是否具有包容性。生态品牌的包容性说的是对其他品类、产品、服务以及子品牌的容纳性，以免形成内部恶性竞争。品牌建设是一个非常耗费资本又漫长的过程，如果核心品牌具有延展性和包容性，能带动进化衍生的新形态产品的宣传拓展，效果自然事半功倍。

这样的例子很多。“格力”是格力集团的核心品牌，它基于空调而形成了品牌优势，其标语刚开始是“好空调格力造”，这是以单品开疆拓土形成垄断时的需要；而当格力集团变得庞大，其他产品集体发力时，格力集团的传播策略开始转变，其标语变为“掌握核心科技”，这就使其具有非常强的包容性，所以其后的格力电饭煲、格力取暖器、格力干衣机、格力除湿机、格力电风扇、格力冷风扇都能在格力品牌的光环下一个个顺利上市。包容性的品牌能“先富带后富”，促成跨品类发展。

成功的例子还有万宝龙，它凭借高度的包容力，延伸成为一个多元化的品牌。万宝龙成立于1906年，最初是一家生产书写工具的公司。1924年，万宝龙推出大班（Meisterstuck）钢笔，以精湛的制笔技艺征服了消费者，这成为其核心代表作。此后，万宝龙便形成了自己的品牌理念——制造具有永久价值的日常用品，高品质更胜于高科技。随之，这一品牌扩展开来，包含案头摆件、皮包、珠宝饰物以及腕表系列。

娃哈哈AD钙奶绝对算得上娃哈哈的金牌产品，围绕这款产品，娃哈哈形成“活力、欢乐、健康”的核心价值观，沿此思路做品牌延伸，娃哈哈成长为横跨儿童酸奶、纯净水、果汁、茶饮料等方面的综合品牌。

总而言之，能够“先富带后富”的品牌包容性，也是建立生态品牌的重要标准。

如果一个品牌在创始之初能满足以上三个条件，就可以说它是具有生态品牌基因的，这颗种子是可以发芽的。当好种子落入一片好土壤中，接下来的事情便是等待萌芽，而能否开花、结果，取决于能否走一条正确的品牌构建之路。

第二步：寻找一方生态品牌生长的土壤

一个品牌具备了能够成长为生态品牌的基因后，我们就要开始思索一个问题：在风起云涌、变化飞速的市场中，要将这个品牌安放在何处才可以保证它健康地生长？

所有品牌都要在市场中充分竞争，然后生长，形成知名度，形成美誉度，而绝大部分市场也都经过从供不应求到供大于求的过程。在这个过程中，品牌的营销思路也在变化。通用电气公司的约翰·麦克金特立克（John Mckitterick）1957年阐述了市场营销观念的哲学，认为当一个组织脚踏实地地从发现顾客的需要，到给予各种服务满足顾客的需要时，便是以最佳方式实现了组织的目标，也是公司效率和长期盈利的关键。

这个见解的深刻之处在于扭转了长久以来品牌发展中以产定销的观念，提出了以销定产的概念，这是公司经营观念或市场观念的一次重大、史诗般的飞跃，影响至今。

需求从此成为一个品牌立足的关键。

生态品牌想要寻找一方生长的土壤，需要回答以下四个问题：

（1）我的消费者是谁？

（2）他们有什么样的需求？

（3）我是否可以满足这样的需求？

（4）我要付出怎样的努力才能够满足这样的需求？

这四个问题的背后，正是寻找生态品牌生长土壤所需要的方法：完成消费人群的层次搭建、形成物种搭建、基于自身完成品牌进化，而其中完成消费人群的层次搭建，其实就是在为品牌寻找一方生长的土壤。

社会学认为，人类是天生的社会性动物，生活在不同规模和类型的群体中。

美国著名社会学家威廉·富特·怀特（William Foote Whyte）20世纪上半叶对波士顿市一个意大利人聚集的贫民区的“街角

帮”进行了研究，《街角社会》（*Street Corner Society*）就是对这一观察过程、所获资料及结论翔实而生动的记述，此书被奉为“社会学的经典”。通过该书揭示的群体所具有的共同特征，可以得出社会群体的定义：两个或更多的人，他们有共同的认知及某种团结一致的感觉，对群体中每个人的行为都有相同而确定的目标和期望。它展示的是人们相互联系的独特模式，是人们在社会活动中形成的基本、具体的社会结构。

伴随技术的发展，社会群体的交流打破了时间、空间的局限，在阶层、爱好、地域发展等传统要素作用下进行分割的现实社会群体以外，还发展出以目标、兴趣、审美等新兴要素为标准的互联网线上社会群体。但无论社会群体以怎样的形态发展，其性质还是人与人之间的聚合关系，而这种组织型的关系也并没有脱离社会群体的范畴。随着互联网技术对社会群体的聚合产生加速作用力，在品牌营销中逐渐形成了顾客关系管理（CRM）、社群运营等多种基于社会群体的营销手段。社群营销的优势非常明显：低成本、高转化。此外，品牌还应该看到基于群体的价值延伸，这种延伸是一种持续性的关系所带来的，可以通过运营来不断挖掘客户价值，带来持续盈利。而存在于传统交易中的客户关系，一旦交易完成，就会被削弱，甚至会断裂。

因此，一个品牌在寻找自己的消费者时，首先要基于品牌所处的环境、内部能力匹配进行产业判断，在产业判断中寻找机会以及机会中存在的消费者，分析消费者的需求，然后进行消费者圈层搭建。

在消费者寻找过程中，可以通过对个性的共性归纳进行消费群体的描绘。但是消费群体的建立并不是由品牌持有方单方进行的，在共性强烈存在的情况下，人群会自发聚集，形成所谓的圈层。但这种圈层大多数时间并不紧密，甚至不具备交流的能力，只是一种集群。当这类组织形态与生态品牌发展需要相匹配时，品牌持有方所要做的是：进行关系改造，有目的地建立紧密的圈层关系，在圈层中按已形成消费人群的层次搭建。搭建工作有几个要点：（1）明确成员关系；（2）制造以品牌为核心的持续交往；（3）引导一致性的群体意识和规范；（4）培养分工协作能力；（5）发起群体行动，扩大圈层影响力。

由于文化都是自上而下传导，但这样的自上而下并不能简单地理解为“从主流文化扩展至亚文化”，而是由该领域内的认知精英传递至普通认知人群。因此品牌想在该圈层中完成传导，就需要人为地去搭建认知精英 - 次级认知人群 - 普通认知人群 - 无认知人群的层级结构。

Roseonly 是高端玫瑰及珠宝品牌，以“一生只爱一人”为理念，专注打造爱情信物。在品牌发展初期，通过产业分析，该企业瞄准的是具有 1 200 亿元市场容量的国内鲜花行业。在该行业中未曾出现强势的品牌，而 Roseonly 所填补的是鲜花品牌的空白，致力于情侣高端礼品市场。

由于产品售价较高，因此品牌的目标顾客是具有一定消费实力和审美认知的群体。此群体偏年轻，广泛分布在大中型城市，与时尚、互联网、娱乐圈等领域连接紧密。在 Roseonly

发展初期，创始人充分利用了自己的朋友圈，覆盖互联网、奢侈品、时尚、电商等多个相关行业的KOL。KOL促成了明星晒单转发，每一次转发都给Roseonly官方微博带去数万粉丝，以及对官方网站的巨大流量冲击。随之而来的，是订单量的持续跃迁。成立1个月Roseonly就卖出了上千盒玫瑰，销售额跃至百万元，当年获得时尚传媒集团的战略投资。

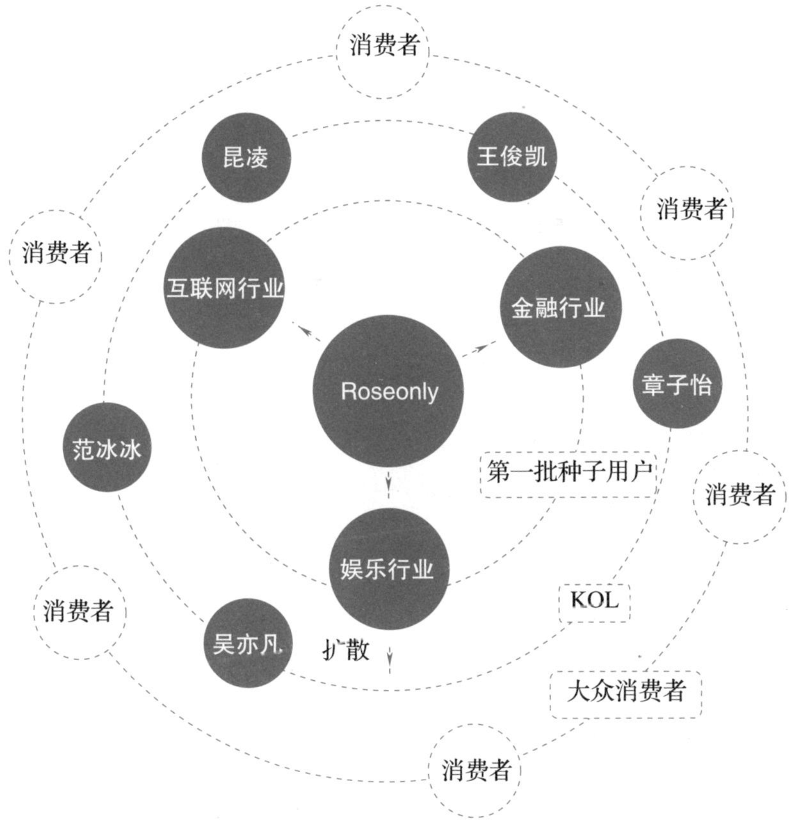

完成消费人群的层次搭建之后，品牌持有方需要制造以品牌为核心的持续交往。华为在涉足手机业务之前，是一家看似传统的企业。涉足手机业务后，局限于集团战略需要，其手机业务一直是边缘部门，与运营商渠道合作，市场化不充分。这种情况延续至小米横空出世，触感敏锐的华为开始进行布局，以小米为样板进行像素级模仿。首先搭建完成的是 2012 年推出的花粉俱乐部。花粉俱乐部是华为刻意打造的交流平台，用来承载“花粉”，并且以这种交流平台来强化“花粉”之间的交流。华为先通过运营手段聚集认知精英，再由认知精英完成圈层的搭建和渗透，通过手机的销售扩大圈层基础，不断完成认知精英的补充，再以测评、直播、女神测评团打造等多种运营形式，提升普通认知人群的品牌认知能力。华为手机在市场中站稳脚跟之后，又通过大规模的广告投放、邀请代言人等常规手段来感染无认知人群。

这种传递性在文化产业中表现得非常明显，以游戏为例。游戏厂商在配合游戏推出时都会搭建论坛，发布内部测评邀请，这种发布邀请的行为本身就是一种筛选工作，自然而然地会聚合起对游戏有热情、对题材玩法感兴趣的群体。这类群体在内测、封测结束后，留存到公测阶段的，往往会成为该游戏的资深玩家。游戏进行公测推广时，基于游戏的玩法，玩家会自发形成组织关系，接受资深玩家的引导，资深玩家会在论坛上发布游戏攻略，带领团队开荒，引领服务器内的游戏气氛，从而创造良好的游戏体验，使得这种体验通过普通玩家的社交关系进行扩散。

说到消费人群层次搭建，另一个不得不提的新现象就是在粉丝经济促进下蓬勃发展的流量明星。不得不说，如今社会文化中一支不可忽视的影响力就来自流量明星。流量明星作为个人品牌能够快速发展，与其聚合粉丝、运营粉丝的能力密不可分。在明星的流量策略中，我们也能看到市场操作的影子，他们实际上运用的就是圈层搭建的另外几大要点。除了之前所说的明确成员关系、制造以品牌为核心的持续交往两大要素，流量明星的粉丝圈层搭建还有如下三个步骤：第一，引导一致性的群体意识和规范；第二，培养分工协作能力；第三，发起群体行动，扩大圈层影响力。

我们可以用 2018 年夏天最热门的选秀节目《创造 101》来解释这三个步骤。在这档节目中，有一位身材有点壮、长相不突出、外形条件完全不符合偶像女子团体要求的女孩脱颖而出，甚至在网络上形成了一种现象。她的名字叫王菊，她走红的“人设”是“重新定义中国女团”“欧美范儿”“勇敢做自己”。如果我们把人设比作品牌定位，那么让这种品牌定位成为全民运动的关键，就是王菊成功的粉丝圈层营销。首先，王菊的人设吸引的是一批特定人群，年龄层集中在 20 ～ 30 岁之间，他们的价值观与王菊所提供的人设不谋而合，这种价值观成为这批年轻人的群体意识。这成为王菊“吸粉”的基础：人设对应品牌形象或定位，从而提供与消费者不谋而合的共同意识。有了共同意识之后，粉丝们就有了宣传意识、维护偶像的冲动，于是在经纪公司的操作下，粉丝团体开始分工协作——这在如今许多流量明星身上都能够看到。比如，现在流量明星都有一套操作链条：经纪公司 - 经纪人 - 粉头 - 站姐 - 粉丝等。这样的链条就使圈层有了明确的任务要求，激活了圈层的活跃度和黏性。最后一步也是决定性的一步，就是通过发起群体行动，扩大圈层影响力。这在普通流量明星的案例中体现为打歌、刷数据、线下接机等群体性活动。比如加油男孩（TFBOYS）中的几位成员推出新的杂志封面时，粉丝会进行团购宣传，让声势达到顶峰，从而出现秒杀的情况。

从人类社会的发展历史可知，目标一致的人聚集时会完成分工，包括自发性分工和有计划的分工，并在分工协作的同时建立规范。而王菊在《创造 101》中的走红更为迅速，她的粉丝通过在各个微信群拉票，在网络上进行表情包宣传，甚至设计了一整套“菊语”，以病毒式的宣传和亚文化式的姿态席卷整个微博圈，达到未必人人喜欢王菊、但人人都知道王菊的地步。这种粉丝效应和粉丝自发的宣传，让明星迅速集聚流量和关注度，同时也带来极高的转化率。可见，流量明星的圈层搭建首先利用的是品牌的经典理论：品牌定位、市场细分、用户黏着以及社群互动，再加上互联网和新媒体的传播加持，让这种效应指数级放大，最终形成以价值观为核心、以粉丝为原动力、以协作体制为规则、以品牌养成为目的、以新媒体为平台的流量生态圈。因此，在这个社会，一个品牌想要迅速培养圈层，粉丝经济和流量明星体制是其需要研究的课题。

第三步：播下种子进行培养

持续发现需求

伴随着互联网技术轰轰烈烈地发展，以互联网为依托兴起的各类从业者打起了“需求”的大旗，一时间一个个公司言必谈用户需求，而公司存在的基础就是满足用户需求。

品牌从一开始就带有强烈的需求烙印。1923 年，基于广播媒体的广泛使用群体，尼尔森（A. C. Nielsen）建立了市场调研公司，开辟了理性营销之路。到 20 世纪 40 年代，座谈和随机抽样的调研手段得到广泛认同，成为品牌营销专业中成熟的方法论。20 世纪 50 年代之后，该公司更是将消费者行为纳入调研的重要模块，使之成为品牌决策的关键依据之一。哈佛大学的泰德·莱维特（Ted Levitt）更是在《营销近视症》一书中说道：“根本没有所谓的成长行业，只有消费者的需求，而消费者的需求随时可能改变。”

消费者的需求从一开始就可以称为品牌的起点，直到现在都没有改变。

然而，当我们仔细探讨消费者需求这五个字的时候，可以发现两个奇怪的现象：所谓的消费者需求是真的需求还是假的需求？消费者的需求是实际需要的需求还是被暗示引导的需求？

首先来看所谓的消费者需求是真的需求还是假的需求。

谈到需求这件事，必然绕不开马斯洛的需求层次模型。

1954 年，身为人本心理学中流砥柱的马斯洛出版了影响深远的巨著《动机与人格》（*Motivation and Personality*），提出了人类五个层次的需求：生理、安全、社交、尊重、自我实现。需求层次理论是解释动机的重要理论。马斯洛提出，个体成长的内在动力是动机（motivation），动机又由多种不同层次与性质的需求组成，而各种需求有层次与顺序之分。

金字塔中的前四层——生理需求、安全需求、社交需求、尊重需求，具有缺失属性，是因感知到实际环境或自我的缺乏而产生的需求，因此个体会自发地去寻找环境中能够满足其需要的东西。这也是我们看到产品经理根据用户特征而定制产品的原因。

但是当行业竞争激烈、同质化越来越严重时，就产生了可见的需求已经被挖掘殆尽、创新性不足、差异化困难等情况，消费者需求的深度发掘就成了类似军备竞赛一般探索并加码的过程，其间会涌现各种各样奇奇怪怪、自以为是的需求。

在需求中存在这样两种类型：（1）显性需求；（2）隐性需求。显性需求通常被解读为痛点，这是一种解读了消费者需求后产生的解决方案。痛点可以从大到小分为三个层面。一是社会层面，即社会普遍存在的需求，这种需求是基于外界不可控的因素而引起的，如不标准排污导致的对高品质农作物的需求、雾霾天气导致的对空气净化器的需求；二是产业层面，如消费者对互联网的需求促使彩电行业进行了从传统电视机生产到互联网电视机生产的转型；三是产品痛点解决层面，这也是我们最常说的痛点，基于用户反馈数据的不断沉淀而进行归纳判断和改进。

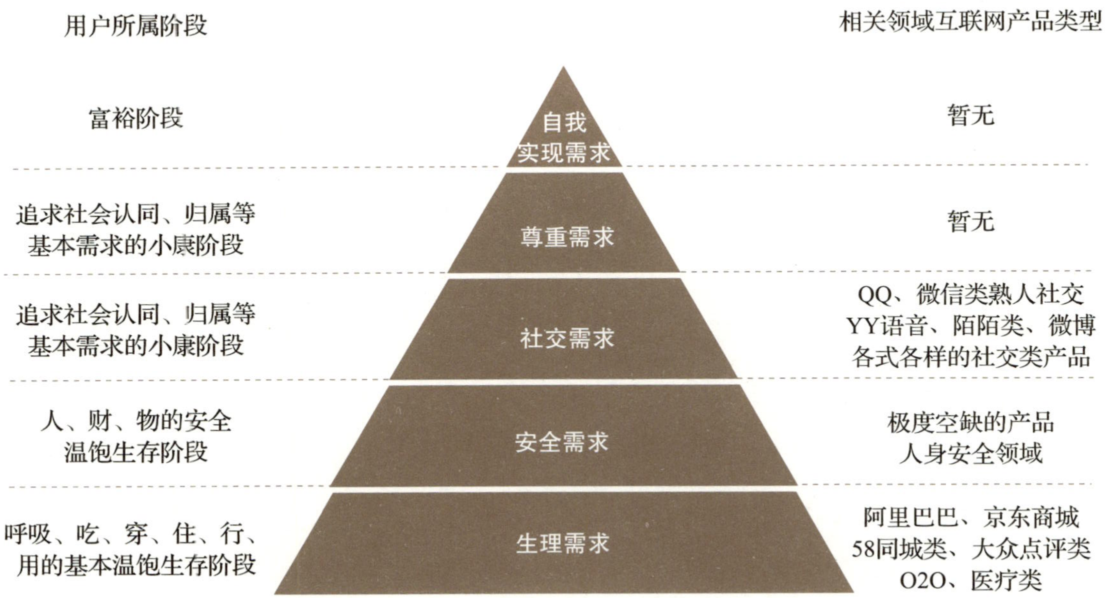

马斯洛需求层次理论与互联网产品

以上需求都是明确而显性的，但还有一种需求是连消费者自己也不曾发现的，存在于消费者的心智中，是非显性的。这种需求一旦被挖掘，就会带来颠覆性的改变，甚至会改变一个行业。

2007年苹果推出第一代iPhone，上市一年只卖出了1.4万部，当时的主流成熟系统是Windows Mobile、Palm OS、Symbian和BlackBerry，而且iPhone存在不支持3G网络、不支持多任务操作、不支持第三方应用等问题，但是它依旧以3.5英寸的触屏加1个按键颠覆了人们对手机的认知，虽然当年Sony Ericsson P 908i也搭载了触屏，但给消费者带来的感受仅仅等同于按压屏，iPhone所能提供的拍照、横屏等新奇的体验是消费者不曾有过的“需要”。

虽然iPhone上市第一年的销量是一场灾难，但当2008年苹果推出App Store后，作为第一代iPhone改良版的iPhone 3G和iPhone 3GS这两款手机首发一周的销量均达到了100万部。

在此之前并没有消费者明确地说：嘿，我需要一部看剧、看书、指指画画、翻来覆去折腾的手机。

其次来看消费者的需求是实际需要的需求，还是被暗示引导的需求。

消费者的心智中会存在这样的需求：我要送给心爱的人一份礼物。这个时候消费者会陷入多选择的苦恼中，而聪明的哈根达斯把冰激凌和爱挂上了钩。可是，从实际的需求出发，吃一份冰激凌就能够感受到爱意吗？显然是不可能。但在潜意识中，经过不断的广告信息轰炸填充，当“哈根达斯＝爱”的概念成为普遍认知时，这种被引导的需求就成立了，送给女孩哈根达斯，女孩自然会联想到心意。

所以，一份冰激凌产生了高溢价。

在品牌竞争越来越激烈的当下，很多产品因为同质化没有办法脱颖而出，都在通过引导的方式去诱发消费者的需求，从而将自己的产品作为解决方案提供给消费者。但这么做显然也是危险的，因为仅引导需求就需要付出巨大的成本。再者，当竞争者感受到引导需求可行时会立即跟进，而此时先行者如果没有彻底完成占位，很可能就成了为他人作嫁衣。更危险的是：花了巨大的成本，却发现这种引导的需求很可能不成立，消费者压根不受诱惑，或者自己的产品并不适合。

需求这件事的选择级别应当是：

- 选择普遍痛点优化；
- 选择差异化痛点进行消费者心智击穿；
- 科学验证隐性需求；
- 严谨假设被引导的需求，小范围推广试错。

持续调整改进

对品牌塑造而言，稳定是最重要的品牌行为。无论是传统品牌理论下塑造的品牌，还是以新技术为核心塑造的品牌，都需要长期的时间、资源的投入。

建立品牌最终的效果，是在客户群体的心智中占据一席之地，对这种效果至今仍没有全面而有效的检测方法。所以对品牌而言，如果想要得到最终的溢价效果，就需要对消费者长时间、不断地讲述自己。在这个过程中，稳定地谈论一件事、不造成认知混乱至关重要，关系到所有资源投入的有效性。

然而消费者是不断变化的，其需求也是不断变化的，在不断的变化中，品牌要如何在稳定的前提下以不变应万变呢？

不变的是内在，是品牌的核心价值。

变化的是载体，是产品及传播手段。

与动辄数十亿元的商业帝国相比，阡陌客是微如尘粒的小生意。当“轰趴馆”这个词闻所未闻的时候，阡陌客成了第一个敢吃螃蟹的人。阡陌客在创立之初，基本上为所有热门聚会提供服务，从一开始就明确了价值内核：我就是派对！注意，这里把“我”放到了整个派对生态内，成为其中的一个组成部分，而不是像诸多的餐厅、游乐场一样贩卖的是一种服务或一种空间，因而从一开始就注入了生态型品牌的基因。

从始至终，所有的资源配置都围绕这个定位概念而运作，这是该品牌稳定的内在价值，而随着外在消费者的需求变化，品牌的载体“轰趴馆”已经进化为好几个版本。

- 从每天接待两拨客人改进到每天只服务一拨客人；

● 从提供单一的餐饮丰富至露天烧烤、火锅、各类吧台酒水、进口小吃；

● 从设置聚会必需的 K 歌系统升级至每月更新、高清投影，逐渐进化为配备专业的后期音乐制作设备，音效堪比录音棚；

● 从较为单一的游戏方式改进到主流桌游一网打尽，并配备私人管家讲解规则。

这样的产品更新建立在实际需求的基础上，因为产品的更新是切实和消费者所反馈的直接需求挂钩的："想要吃的更丰富""有些新歌没有"……这种有的放矢的改进提升的是消费体验，更容易让消费者满足，提升好感。

除了实际需求，阡陌客把引导性需求放置在马斯洛需求层次模型中的第三层级和第四层级——社交需求及尊重需求。

阡陌客把派对本身看成一个整体，所有参与者都是派对中的元素，包括聚会者、服务者、经营者；于是消费者有了很强的参与感和领地意识，来聚会的聚会者会带来或在这里创作出有趣的东西，放在阡陌客的生态中售卖，销售所得归物品提供者所有，在增加派对生态内容的同时建立了生态黏性。阡陌客曾经连载的爆笑冷小说《阡陌往事》把聚会者也写进小说。种种举措让消费者不仅产生了归属感，还感受到了被尊重。

在这个引导性的过程中，阡陌客传达了自己的品牌主张：每个人都有参与感的聚会才是成功的聚会。消费者通过消费体验以及社区运营的黏性不断强化这个品牌主张，而这个品牌主张所带来的需求解决方案，唯一匹配的品牌就是阡陌客。

我们认为，在品牌这件事上，需求是始终存在的，怎么去区别需求的性质、在什么样的载体上以什么样的方式去满足需求并建立起和客户之间的闭环才是至关重要的，即发现需求－引导需求－解决需求－需求升级－改进解决方案。

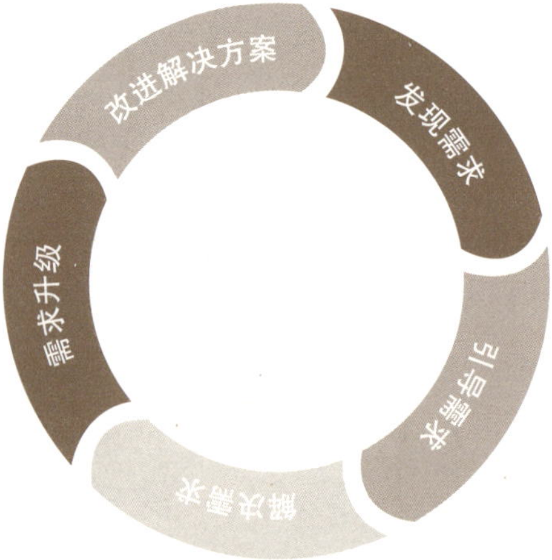

形成品牌热度的 KOL 圈层

在发现需求－引导需求－解决需求－需求升级－改进解决方案的闭环中，关于需求的引导，实际上很多时候是通过 KOL 圈层发声的，就好比在时尚产业，每年的新品千千万万，创意层出不穷，但究其根源，时尚圈的话语权实际上掌握在顶尖的时尚人士手中，正如《穿普拉达的女王》中所描绘的，作为女王的米兰达能够让时尚人士和模特与她共同进退，而现实中的安娜·温图尔（Anna Wintour，*Vogue* 杂志美国版主编），卡尔·拉格斐（Karl Lagerfeld，香奈儿设计师），戴安娜·冯·弗斯滕伯格（Diane von Furstenberg，DVF 设计师，美国时装设计师协会主席）同样站在圈层的影响力顶峰，引领着产业趋势。

在不同的圈层中，存在共同的金字塔式结构层级，且上层决定了关系的从属，决定了行为的支配，而该层级就是品牌所需要建立的 KOL 圈层。

之所以要建立 KOL 圈层，是因为品牌需要最大限度地发声，发声实际上是形成一个传播源，因为 KOL 在每个圈层中需要具备不同的特质，如拥有与圈层相关的专业化的能力、资源、见解、更多的受众触点等，这样的传播源会自然地进行传播，引发关注。一旦与需求挂钩，就会激发参与感，从而形成求同效应，形成对品牌的忠诚度。

关于这一点国外的优步（Uber）做得风生水起。2017 年，优步在春夏季选择与 Instagram 上的 18 位 KOL 进行合作，秋季则选择了 13 位，其中在秋季营销中表现亮眼的世界顶级旅行类 KOL——杰克·莫里斯（Jack Morris）身体力行替优步赢到 104 000 个点赞和 550 个评论，参与率达 7.7%，帖文的主题就是莫里斯如何利用优步在短时间内探索巴黎。

在国内，我们同样看到了这样的现象，在全民都在抖的抖音上，海底捞成了为数不多的获利品牌，有很多有影响力的用户纷纷晒出海底捞的新玩法：

- 如何做一碗番茄牛肉饭；
- 如何制作美味蘸酱；
- 如何用黄瓜隔离味道；
- 4 个人如何花 36 元吃了一顿海底捞；
- …………

与此同时，那些帮客户洗菜、去虾线、包饺子，主动询问要不要网红款菜品的小哥哥小姐姐们，代表了海底捞一直以来的最大优势：优质的服务。

因此，形成 KOL 圈层是在圈层中建立起引导的桥梁，而品牌方要做的就是依据这样的桥梁，输送需要的主题和内容以及改进方案。小米就是其中的佼佼者，其经典手段就是 KOL 法。

2010 年 4 月 6 日，小米公司正式成立。同年 8 月，MIUI 手机操作系统第一版正式内测。当时只读内存镜像（ROM image）刚在国内出现，知道的人并不多。为了找到更合适的内测人，小米公司的工程师一个一个地联系刷机爱好者和发烧友，向大家介绍这款新推出的系统。经过不断的努力，100 名勇敢的用户成了 MIUI 第一版的首批内测人，他们参与系统的设计和改良。小米建立了论坛，让他们发表自己的改良方案，而小米每天都有专门的团队对这些意见进行整理，并反映到设计部门，最终体现在产品中。到最后，所有有意愿的粉丝都可以加入，建言献策。可以说，小米的产品是所有粉丝共同设计出来的。

就这样，MIUI 正式发布的时候，已经累积了 50 万忠诚用户。后来规模越来越大。2013 年 4 月 6 日，小米成立 3 周年，MIUI 的用户超过了 1 000 万。小米向这 100 位用户表达了谢意，还在 MIUI 6 发布的演示文稿上写上他们的名字，邀请他们到发布会现场。2017 年，MIUI 的用户超过了 1.8 亿。从 100 人发展到 1.8 亿人，可见要运行好一个生态圈，首先要找到一群优秀的生态圈的种子。

小米公司最初的 100 位内测人员，在生态品牌传播打造方面做出了杰出贡献。除此之外，小米的成功也得益于各种渠道的建设。比如，除了论坛，还有微信等线上沟通，创始人雷军还建立了与粉丝沟通的线下渠道，在各个城市设立了体验店——小米之家，不时举行大规模的同城活动。在每一场活动中，小米高层都会到场，全程与粉丝互动。要时刻谨记，这是一个互联网的时代，能传播品牌的不仅有顾客的朋友、同学、同事、邻居，还有互联网上互不相识的陌生人。

品牌生态圈的打造与建立不是简单地做做样子、发发传单、做做问卷调查，而是让消费者真正参与品牌建立、产品设计甚至生产的各个环节，制造出他们真正需要的产品。

小米的生态圈中，推动品牌传播发展的还有话题，以让发烧友们有足够的共鸣。2012 年，小米新品“小米手机青春版”发布会前一个月，官方微博发起“150 克青春”的活动，公司七个合伙人自导自演了一部短片《我们的150克青春》。150克指小米新品的重量，青春则是小米青春版的核心用户——充满活力的大学生。在片中，七个老男人化身年轻大学生，雷军在一旁玩着网游，黄江吉正和凤姐约会，洪峰举着一双臭袜子，林斌看着《金瓶梅传奇》，刘德弹着吉他，周光平玩着小飞机，黎万强捣鼓着相机镜头……短片在微博上引起热议，引发了很多人的共鸣。黄江吉穿的T恤被粉丝看中，小米干脆生产了1万件同款T恤，一上午就被抢购一空。热议话题让小米的招牌更响，当然也带来了现实的经济利益——小米手机青春版甫一发布，15万台全部售罄。

毋庸置疑，小米的品牌生态圈是成功的。消费者认为自己是生产者的同伴，而不是只顾着掏钱买产品的人。这些产品发烧友同生产者站在同一战线，成为一个社群，而这个社群为小米品牌的存活发展提供了坚实有力的保障。

如此生态圈的建设，归根结底是企业领导人、企业高层的领导力问题。在这个过程中，领导人要有相应的意识与能力。在小米的案例中，创始人、总裁雷军就起到了决定性作用。在粉丝心中，雷军就是小米的代言人，是他们的精神领袖，有一种“我们都跟着雷军混”的感觉，即我们常说的KOL。

首先，雷军有统筹的能力，100人内测计划与小米之家体验店的构想正是他提出的，他也积极地亲自参与进来。他曾经发了一则“雷军的手机编年史（1995—2011）”微博，展示自己的手机使用历史。在这 16 年中，雷军共用过 53 部手机，花费近 20 万元，平均每年 4 部，平均每部 3 620 元，被称为“神马级手机控”。创始人亲自参与，不仅加大了传播力度，还给粉丝传达了更重要的信息：我也是和你们一样的手机发烧友，我们有相同的爱好，可以成为朋友。我是可以被相信的，用了这么多手机，我的团队很靠谱。

作为小米最具号召力的 KOL，雷军发挥个人魅力，在其影响号召下，粉丝不断积聚，生态不断扩大，品牌越做越大。

第四步：构建生长秩序

品牌的发展通常与企业的发展路径保持高度一致。企业的生存期通常是品牌的培育期，在这个阶段，企业忙于生存，内部资源通常投放在生产、流通方面，以保证业务拓展和公司正常运营。当企业渡过生存期、迎来发展期后，品牌随着产品和服务的迭代而形成影响力，完成扩张。

生态品牌起初与企业的主营业务、产品、服务紧紧捆绑，其受众人群呈现精准状态，共性高。当品牌不断发展时，其人群边界不断拓展，为了保持一定的诉求和认知需求，需要对受众人群进行引导，并通过传播策略树立品牌形象。这就需要构建品牌的生长秩序，以保证品牌持有方的理念能够与受众人群的认知保持核心一致，而生长秩序需要配合生长的过程来完成，其间可以分为三个层级。

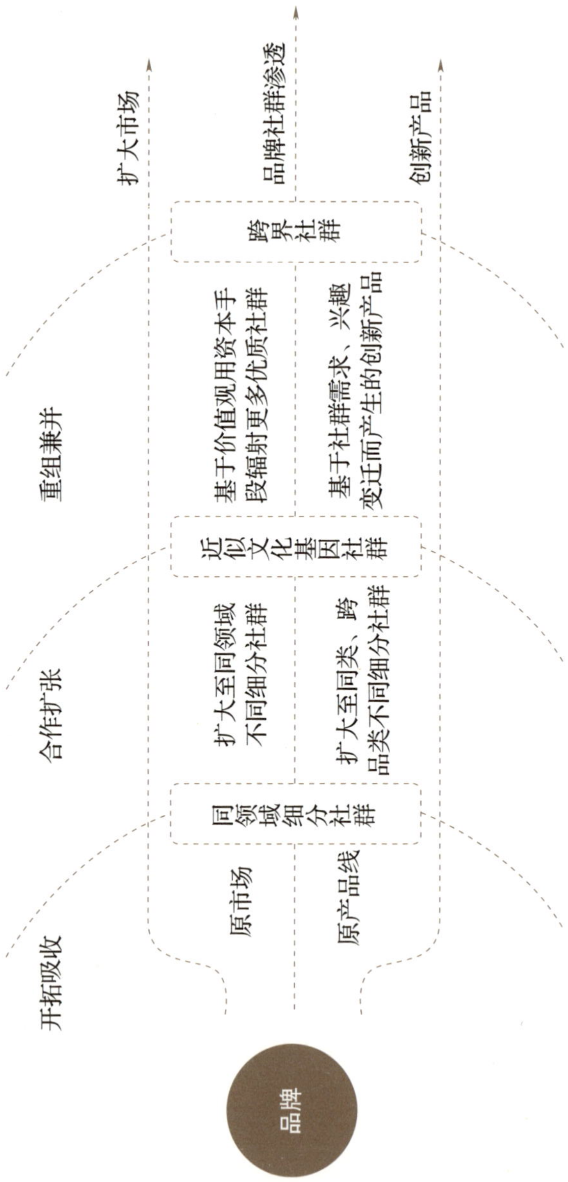
品牌
开拓吸收
合作扩张
重组兼并
原市场
原产品线
同领域细分社群
扩大至同领域不同细分社群
扩大至同类、跨品类不同细分社群
近似文化基因社群
基于价值观用资本手段辐射更多优质社群
基于社群需求、兴趣变迁而产生的创新产品
跨界社群
扩大市场
品牌社群渗透
创新产品

第一层级：开拓吸收

生态品牌的开拓吸收主要通过整合营销进行，其中有三种有效手段：

（1）口碑营销。当生态品牌建立了 KOL 圈层后，每一个 KOL 都连接着不同数量的受众，每一位受众又连接着不同的受众，通过个人行为的传播裂变而完成品牌生长开拓，这就是口碑影响的扩散逻辑。通常是根据圈层的相似程度进行先后传播，品牌建立的周期取决于 KOL 的影响力。

（2）事件营销。生态品牌的缘起通常具有“专精”状态，其消费群体具有非常明显的共同特征。在此类状态下，容易达成消费者与品牌之间的认知默契，品牌很容易捕捉消费者关心的话题，并知道如何在小范围内进行话题引爆。因此事件营销对生态品牌拓展而言，是非常好用的手段，且事件营销通常具有以小博大的功能，也是企业喜欢采用的品牌开拓方式之一。事件营销的核心在于传播价值。由于传播中含有受众的个人行为，其价值通常变得不可预测。因此如何找到传播价值是企业事件营销的关键。

（3）常规广告投放。常规广告的投放取决于品牌所要覆盖的人群，当这个品牌具有全民属性的时候，通常大规模无差别的广告投放可以在短时间内建立品牌的影响力。在 OPPO、vivo 的品牌崛起过程中，虽然其产品从音乐手机到拍照手机有着产品定位的转移，但核心的消费群体是女性，所以一直没有放弃当红艺人代言、大规模广告投放这样的举措。

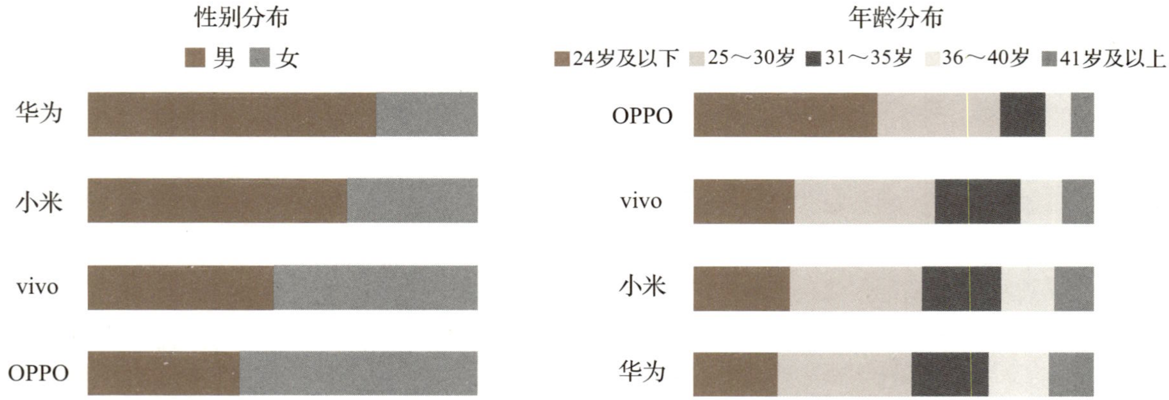

2017年12月安卓终端四大品牌画像

注：数据显示，OPPO的用户中，24岁及以下占比达45.8%，女性占比达60.9%，线上消费意愿低；vivo的用户中，女性占比超过一半，主要为一二线城市用户，具有较高的线上消费能力；而华为和小米的用户以男性居多，主要是一二线城市用户，具有较高的线上消费能力。

第二层级：合作扩张

开拓和吸收的最重要导向结果就是扩张，把圈层尽可能扩大化。品牌的成长具有残酷性，并不是所有的产品名称都可以叫作品牌，品牌可以带来产品属性以外的、更深层次的情感感受和共鸣，也可以成为商业模式中重要的一环。尤其是在市场上同质化越来越强、消费者圈层却越来越多的时候，品牌就成为占有市场份额的有力工具，甚至成为有些公司的商业模式。

品牌的扩张多以品牌为依托进行原市场及近似市场的拓展。如 ACG 是一个大的领域，分别存在动画、漫画、游戏三大分领域，其中任意一块都有其独立的特性，但这又是一个共性非常强的大社群。因此一个品牌的渗透可以沿着联系紧密的市场空间及消费者圈层进行扩张。在扩张过程中，通常会产生原产品无法满足市场需要的情况，其解决方法有二：一种是在原产品形态上，进行规格和功能的改造；另一种是在先实现同品类延展的情况下，再实现跨品类发展。小到 360 的一系列产品，大到通用电气覆盖的各类业务，生态品牌的合作扩张路径起初都是在文化基因近似的社群中成长，这个阶段是品牌自生和积累品牌势能的重要阶段，也是企业产品在同品类下的微迭代以及细分市场的开拓过程。

其中转换最微妙的莫过于华为品牌的扩张和手机业务细分市场的开拓。

1987年成立的华为搭上了国内固话骨干网络发展的快车，其最初只是赚取交换机的差价，后来从代销开始冲击上游研发、生产。根据RHK的统计，2001年华为的光纤系列产品稳居亚太地区市场份额第1名。然而彼时的华为是一个隐形的龙头，处在一个具备专业壁垒、较为封闭的行业。在此情况下如何建立品牌呢？华为的品牌在漫长的时间内，并不是靠一个标志建立的，而是通过一种独有的方式塑造的：企业管理和个人品牌。

《华为基本法》1998年审议后在华为内部适用，随着华为的业绩攀升以及规模扩大，《华为基本法》、狼性文化、管理的灰度……这些企业管理的方法论在企业家圈层中成为“圣经”，“以客户为中心，以奋斗者为本”等诸多理念广为流传，深入人心，感染了一群群创业者。而华为持续高速的发展又为其理念的正确性提供了确凿的证据，使之成为经典论点在大众层面普及。

华为品牌发展前期与任正非的个人品牌紧密捆绑，任正非作为公众人物、明星企业家，在企业家群体中有非常高的评价及认知，其个人的奋斗史也是一部华为的奋斗史。其中的创业及奋斗故事，无疑填补了“华为”这一工业品品牌所缺少的情感感染力，能够让更多人产生共鸣。

这一切都在帮助华为从工业品品牌转向一个在社会公众层面具备知名度的品牌，当华为的业务版图从企业级用户拓展至个人消费者时，品牌基础无疑给予了巨大助力。

2003年，华为研制出自己的第一款手机产品。历经小灵通、个人非智能手机时代，2008年谷歌推出安卓系统平台，推动世界进入智能手机研发时代。华为成为运营商渠道中的有力竞争者，由于定制销售的模式导致和渠道紧密捆绑，华为在手机端并没有形成独立的品牌效应和利润空间。随着运营商渠道的衰落，曾经的第一梯队“中华酷联”纷纷陷入困境。2014年，面对新模式的小米以及深耕渠道的OPPO、vivo，“中华酷联”的转型伴随着阵痛。从结果上看，在这场线上线下的新老对决中，从“中华酷联”到“华米欧维”，华为是唯一一个转型并登顶的品牌。

华为对此早有准备，2011年华为做出坚定地开放市场、建立自己的品牌的战略决定，余成东掌舵华为消费业务，当年就在微博上为自家产品推广营销，在带来非议的同时也提高了知名度。在小米引爆市场之后，华为成功复制了小米的经验，被坊间称为像素级模仿，其产品“荣耀”被冠以互联网手机，一度又成为成功案例流传在管理咨询界。

华为登顶手机销量第一宝座后我们不禁要回顾，为什么占据了中国高端手机市场的是华为？华为的手机业务中以双品牌形式推动。荣耀的目标消费人群是年轻人群，其定位是年轻科技潮品，而荣耀所传达出的品牌气质也符合年轻人的价值观、审美、表达方式——追求极致科技感受、创新技术引领者，在营销上也毫不吝啬地采用明星代言，赞助极限运动赛事、电竞堂、AI摄影大赛等，并在产品设计、品牌标志上与“华为”品牌保持了区隔。如果说这个品牌尽量求新求变去抓住新一代消费者，与荣耀同室而生的“华为”则是将华为历年来沉淀的品牌资产变现成为开拓高端手机市场的利器。

“华为”品牌的目标消费者实际上是掌握了大量财富的中年消费者，这类人广泛存在于企业家、企业高管群体之中，看重的是高端手机所体现的身份上的差异性。手机作为持续更新换代的工业品，具备使用性质，其在功能配置上也必须跟上时代，VERTU、8848 这类手机奢侈品虽然实现了差异化，但其落后的功能成为难以弥补的弊端，而华为推出的 Mate 7 是第一个真正意义上的国产高端手机，解决了功能落后的难题，并且转化了三星 Note 系列的商务人群。

这样的转化并不在于华为的性能有多么突出，而是在于当产品差异化不那么强时，其强大的品牌感召能力在购买决策中显得非常重要。华为在高端手机市场上开拓的受众就是来源于华为作为企业品牌时所连接的受众，是一种在同类型受众的近似文化基因圈层中，以产品（华为 Mate 系列）为载体取代同领域近似产品（三星 Note 系列）而实现的品牌扩张。

商务人群因为职业缘故，所接触到的商业信息远比普通消费者多，原本就是华为多年来作为企业管理标杆案例传播的圈层对象。他们对华为的认识也较为深刻，华为的方法论、管理理念、企业精神，尤其是任正非的个人奋斗经历，更是为“华为”这个品牌增加了“奋斗”的概念。其功成名就的状态，也是商务人群所奋斗的愿景。人类如其他生物一样，在潜意识中具有模仿的本能，所以“华为”这个品牌的价值观从根本上引领了消费者的价值观，品牌背后的企业带来的沉淀赋予品牌厚重的人文感受和感染力，这种独一无二的情感优势，是苹果、三星等外资品牌所不具备的，也是小米、OPPO 等新兴品牌无法提供的。

我们将目光投向未来，会发现每一个品牌都在拼命地抓住未来的消费者，不断地通过功能教育、品牌理念植入等方式，让消费者在购买的时候能够首选自己。而华为不是通过常规的宣传，而是通过公司形象去建立品牌。可想而知，华为在业界的每一次发声，作为中国标杆企业的每一次宣传，代表中国在国际市场上取得的每一次成果，以及那些看起来风马牛不相及的话题——研发投入、以奋斗者为本、灰度管理、5G 标准化推动等，都在消费者心目中为“华为”这个品牌积累能量。所以我们也可以看到，虽然华为售价 3 000 ～ 4 000 元的高端手机出货量不是最大的，关注度却是最高的，因为它已经在消费者心目中具备了象征意义。与此同时，危险也是存在的，“华为”的品牌因为被赋予了太多的情感因素，所以经不起负面的伤害，尤其是在与本部其他业务共用“华为”的前提下，各业务间不能有效隔绝，这对内部管理及外部传播工作来说是一个高难度的挑战。

2017 年华为手机产品结构分析如下所示。

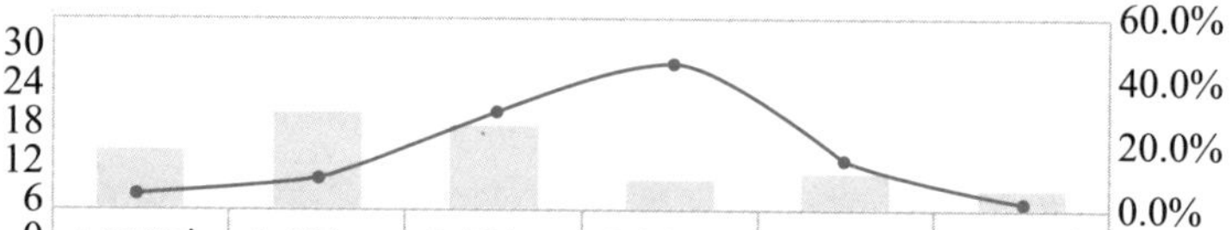

	1 000元以下	1 000～2 000元	2 001～3 000元	3 001～4 000元	4 001～5 000元	5 000元以上
产品种类	9	16	13	4	5	2
关注比例	3.3%	7.8%	27.6%	46.6%	12.1%	2.6%

第三层级：重组兼并

品牌的重组兼并与企业的重组兼并有较大的区别，甚至在以前我们不曾考虑品牌也会存在重组兼并，因为品牌是无法量化的。我们所谈到的重组兼并，是站在业务和品牌的双重逻辑上开展的。品牌与企业是共生状态，如果一个品牌发展至重组兼并的状态，那么一定也伴随着企业的扩张。企业的重组兼并往往基于财务指标、业态布局、资源互补、提高协同性等目的，而生态品牌的重组兼并目的只有一个：充分保持住自己的品牌势能，并不断推高。

生态品牌重组兼并的第一要务是：基于价值观用资本手段辐射更多优质社群。

在品牌建设过程中，基于市场细分理论的成熟应用，往往会产生一种通用的观点：圈层越小时，愿意为品牌付出的核心人群会越多。这个观点不无道理，一个品牌所连接的受众基数小，为了促进企业的生存和品牌的发展，品牌的承载物就会具有单价高、消费频次适中或较高的情况，需要圈层中存在尽可能多的愿意购买的核心人群，并以此来获取发展资本，而核心人群又会基于品牌的魅力来强化自己的身份标识。这有点像策略（SLG）游戏的特点：生命周期特别长，流水持续性很好，并且单个玩家的充值金额大，玩家的整体基数相对较小。

而实际上一个品牌的通用性越强、圈层越大、基数越大，涌现出的愿意购买的核心人群也就越多。在世界范围内能够站在顶端的品牌往往是可口可乐、耐克、路易威登等渗透率高的品牌。

生态品牌是具备生长能力的品牌，完成了在近似文化基因圈层中的扩散后，随着圈层受众基数增多，品牌被外界赋予的新特质也会增多，而新的特质会感染更多的后进入者，最终进入跨文化圈层的生长。持有品牌的企业不能任由生态品牌无拘束地生长，应该在品牌的承载物上做出修正，有些自然而然受到品牌感染的圈层实际上对于品牌来说并不契合，甚至会带来弊端。

猫扑作为互联网中曾经知名的 BBS 社区，与天涯论坛一起被称为互联网论坛双雄，盛极一时，甚至“外事问天涯，内事找猫扑”成了网友的俗成约定。但时至今日，面对微博、微信等即时通信、即时分享的社交工具，猫扑已然衰落。猫扑的衰落固然与外界技术发展、新工具发展等冲击因素有关，但在很大程度上其没落在于猫扑在流量扩大的基础上并没有正确地去引导修正，反而在流量的冲击下丧失了特色，失去了产品初期鲜明的特色定位，缺乏品牌的塑造。

猫扑最早的流量聚拢是以电视游戏为核心主题聚集了 ACG 圈层，圈子小，黏性高。第一次圈层的扩大是因为在《大众软件》上的传播，从而引发了一系列网友的进入，此次扩大被称为“外星人占领猫扑事件”。在圈层扩大后，猫扑从一个电视游戏的论坛逐渐转化为综合性论坛，这也是猫扑最巅峰的时刻，涌现出许多草根红人，包括叫兽易小星、奶茶 MM、ayawawa……很多后来声名鹊起的编辑、站长等都出自猫扑。猫扑第一次圈层拓展的人群还有共性可循：这些人都是最早接触互联网的人（当时购买《大众软件》的人有一定的共性），对技术、游戏等有天然的兴趣和追求。后来，因为一系列的炒作热点而进入猫扑的人群就显现了很强的差异化，所以猫扑充斥着越来越多的闲聊帖。为了迎合流量人群，猫扑不仅没有保持“电视游戏”的优势，提取新人群的共性需求，反而逐渐淡化了初期的优势，尽可能多地开拓板块来进行流量容纳和留驻。板块太过细分、想面面俱到地照顾到“个性”，变成了大杂烩。猫扑在逐渐丧失核心人群的同时，没有将新进入的人群转化为核心人群，黏性的下降对于 BBS 是一种持续性、不明显却致命的打击。其后期的种种探索，无论是转型门户，还是发展小说网、分类信息建设都以转化流量为前提，而不是去思考：猫扑作为国内 BBS 的第一梯队品牌，到底引领什么样的核心价值观、关注什么领域、开拓什么入口、需要具备什么品牌气质和特性？混乱的变现形式和发展探索导致本来模糊的定位更加模糊。

相比而言，与猫扑共同经历了 BBS 时期的一些细分论坛中，虎扑强化了体育入口，NGA 强化了暴雪游戏入口，铁血网强化了军事入口。在流量增加的同时，它们不断提取通用需求，强化自身优势，完成了核心人群的不断转化，延长了产品的生存期。

品牌圈层的扩大是生态品牌生长壮大的必经之路，关于如何在这条路上长久地走下去，我们需要考虑的是如何利用资源增加优质的社群并进行转化，而不是无序地进行流量扩张。

生态品牌重组兼并的第二要务是：基于社群需求、兴趣变迁而产生创新产品。

社群的建立基于某种关系的连接，某种关系可以是实物产品，也可以是服务、品牌、文化等。社群基于某种关系的存在而存在，因此会因某种关系的变动而产生变动。

譬如，K 小姐在学生时代因为经济原因，可能是美特斯邦威、飒拉（ZARA)、H&M 等快时尚品牌的粉丝。当 K 小姐初入职场时，具备一定经济实力的她会选择成为 Massimo Dutti、22 OCTOBRE、Banana Republic 等通勤单品在 2 000 元左右的品牌的粉丝。而当 K 小姐成为中层管理人员后，经济实力进一步提升，就会成为普拉达、古驰等国际大牌的粉丝。

这个过程实际上就是社群的变动过程，这是一种伴随着某种关系变动而不断产生的社群崩溃和解体的现象。

当 K 小姐不再需要穿美特斯邦威的时候，该品牌要做的就是通过创新产品来维持社群规模。一是尽可能延长品牌在 K 小姐处的被需求状态，例如美特斯邦威在 2008 年夏季推出了新品牌 ME&CITY，主打精致休闲、时尚外出、商务系列，为逐渐长大的美特斯邦威消费者提供高性价比服装，以延长在原有粉丝中的生命周期。

二是基于新进入者的需求调整或创新自身的产品。美特斯邦威这些年的日子并不好过，其根源在于企业战略导向及管理等存在诸多问题，有范、邦购等 O2O 业务项目开展受挫。但从品牌角度看，无论是从业务上进行互联网 + 调整，还是在品牌营销端冠名《奇葩说》、更换代言人等，都让消费者看到这样一个老牌本土快时尚品牌在努力为自己贴上年轻化的标签。只是品牌营销端这样的点滴积累却来得太散、太表面，一个老牌休闲品牌难道因为冠名了一部当下很火的综艺节目就能够完成时尚化、年轻化吗？更何况品牌发力却没有产品承载，而美特斯邦威的社群恰恰是以“产品”为联系纽带的。在品牌漫长的发展中，美特斯邦威并没有形成独立的文化感召力，只是和森马、班尼路一样以学生装的品牌模糊面貌呈现在大众面前。2016 年随着美特斯邦威的新老管理者接棒，其战略从转型互联网转向聚焦主业，同年 7 月，美特斯邦威发布了品牌升级计划，将旗下产品改造升级为五大风格迥异的系列，并为其寻找新的 90 后代言人：NEWear × 关晓彤（学院设计），MTEE × 任嘉伦（多元 IP 融合设计），HYSTYL × 曾舜晞（街头、摇滚、朋克等风格设计），N ō vachic × 宋威龙（职场风格设计），ASELF × 钟楚曦（文艺森系设计）。品牌升级利用了时下流行的传播手段，在明星粉丝的加持下，成功拉起一番热度，产品设计风格上的改动契合了品牌升级的需要，使得品牌和产品不再是脱离的，但产品是否对社群的新进入者具有吸引力，还需要拭目以待。

第五步：完成生态品牌的自养

所有的生意到最后都会以价值进行结算，品牌也是如此。品牌存在的意义是占据心智，促成购买，带来价值，但与传统的品牌不同，生态品牌的意义在于价值释放、不同环节变现。

优秀的生态品牌如苹果，组建了强大的生态，而苹果本身的品牌势能一开始来源于对功能机的颠覆，之后逐渐对品牌势能进行了扩容。除了一直引领手机行业的技术趋势，以 App Store 为载体的生态圈（用户、设备、开发者、平台、应用）也是其品牌势能的重要组成部分。

从 2017 年披露的财务数据看，手机依旧是苹果的主要营业收入来源，即使其手机越来越贵，苹果公司的收入仍比以往更多，特别是服务业务。随着几个季度的不断增长，服务业务已经成为苹果的第二大业务，是除传统硬件业务之外的现金牛。据首席执行官库克介绍，服务业务已拥有 2.3 亿用户，在 2017 年度 App Store 盈利报告中，苹果的 iSO 开发者赚到的钱，从 2016 年的 200 亿美元增长到 265 亿美元，年增长率高达 33%，而麦当劳 2017 年的财务报告显示，其全年营业额仅为 228 亿美元。

2017 第四财季苹果各主要营业收入占比如下：

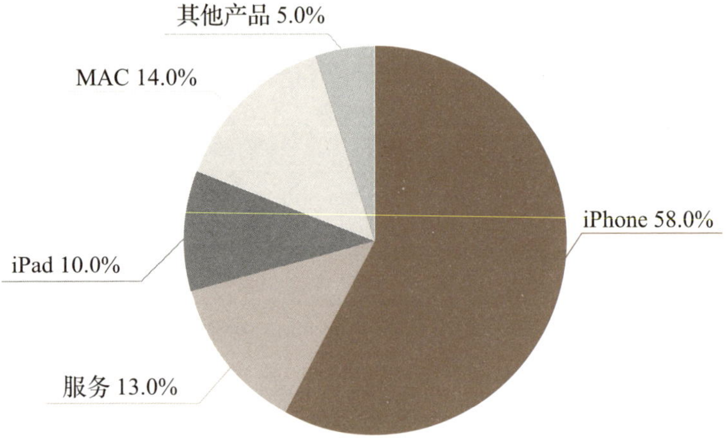

2017 财年苹果的服务营业收入（单位：亿美元）如下：

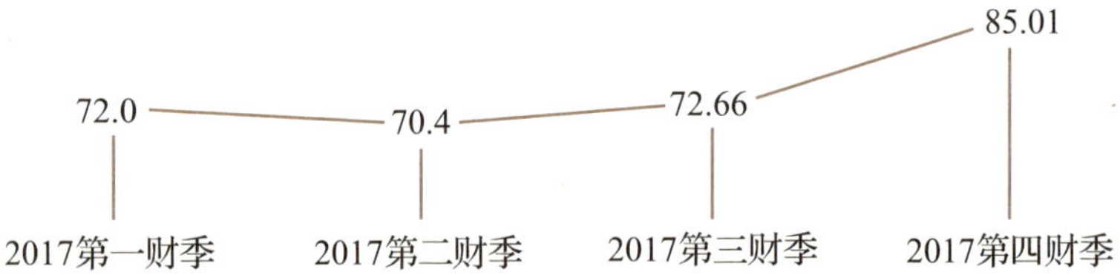

苹果的生态圈无疑是优秀的，与之相比有很多的企业或品牌都没有形成很好的价值变现，而所谓的价值除了有形的利润，还有无法量化的价值。在生态品牌成长的过程中，并不是每一个环节都能够用利润来衡量，这就需要企业明确地分辨环节的价值，并制定无形价值的有形变现通路。

金山软件 2017 年财务报告显示，2017 年实现营业收入 51.81 亿元，同比增长 35%；净利润约为 32.02 亿元，其中网络游戏业务占比 60%，同比增长 23%，游戏业务的增长主要受益于《剑网三》持续强劲的增长、2016 年 5 月登场的《剑侠情缘手游》和 2017 年全新推出的其他手游的优秀表现。

《剑网三》是一款 2009 年公测的网络游戏产品，也是依赖粉丝（玩家）而生的生态品牌，在多年的发展过程中已经进行了各个环节的变现，而其所属的厂牌西山居则是规则的制定者和环节价值的甄别者。西山居基于美术、剧情、数值、关卡、玩法等，制定了一套游戏的世界观和运营维护要求，这是该品牌的发展根基。

《剑网三》的品牌价值变现中存在这样几个环节：（1）西山居——游戏的制作者；（2）游戏插件制作者；（3）周边生产厂家及个人；（4）百度贴吧等交流平台；（5）二次创作团队（同人创作及跨界结合创作）；（6）各类工作室。以上环节对促进品牌发展起到了非常重要的作用，在该过程中也形成了价值变现。

西山居是游戏的开发者和规则的制定者，其盈利模式为游戏收费，以出售点卡、月卡、商城道具为利润来源。玩家进入游戏后，可选择由各类工作室进行代练，以在尽可能短的时间内满级来享受游戏。这使得游戏运营方避免了在枯燥的练级中丧失玩家，工作室则通过代练、代打、金币买卖等服务收取佣金，小工作室还需要向大工作室缴纳管理费。玩家满级进入游戏后，可以用游戏插件降低难度，尤其是女性玩家和新手玩家。太过复杂的技能数值及装备、心法搭配以及副本玩法会导致玩家的畏难情绪，游戏插件在基础玩法上可以方便玩家操作、节省时间，西山居也尽可能通过数值调整等手段管理游戏插件，从而避免游戏插件发展成为外挂，对游戏造成毁灭性打击。游戏插件制作者可以通过流量接入、广告投放等获取利润。当玩家进入其游戏世界后，除了日常的游戏交流，游戏方还搭建了百度贴吧、金山游戏官方论坛、17173、YY 等交流平台，进一步增加了游戏和玩家之间的黏性，将交流的主题从游戏扩大至生活，平台则通过西山居的广告投放来将这种价值转化为利润。由于 ACG 的相关性强，其玩家中不乏画手、写手、视频制作者、CV、古风配乐者，由这些 KOL 发起的周边创作非常活跃，《魂殇荻花宫》《神奇七侠》等由玩家自导自拍的素材视频一度成为流传的经典。而在微博上活跃的众多画手，如伊吹鸡腿子等人，出版了相关的周边画册，形成盈利或流量来源。周边的开发影响巨大，对于新玩家来说有极大的吸引力，因此西山居非常支持这种行为，并没有对周边创作的个人进行版权方面的限制，而是由官方举办了一系列插画、视频、征文活动来鼓励周边二次创作，并由官方发起创作了《剑网三》粤剧版《决战天策府》、合作投拍电影《四海流云》、自编自导动画……在《剑网三》这个生态品牌生长的过程中，每一个环节都依托《剑网三》而存在，并为其提供生长支撑。西山居是规则秩序的建立者，可以对其他部分进行调控与优化，所有环节的最终价值都有一个明确的指向：留存玩家。达成这个目标的所有环节都能够形成价值变现，而不能达成该目标的则会被剔除，或者是无价值转化。

生态品牌并不是由一个品牌运营方就可以建立的，而是需要由多个角色共同建立，因此在变现过程中有三个重要角色。

强化品牌生态核心价值，巩固大社群，
动态发现需求趋势，指导组织创新、资源整合，实现生态型品牌持续价值变现。

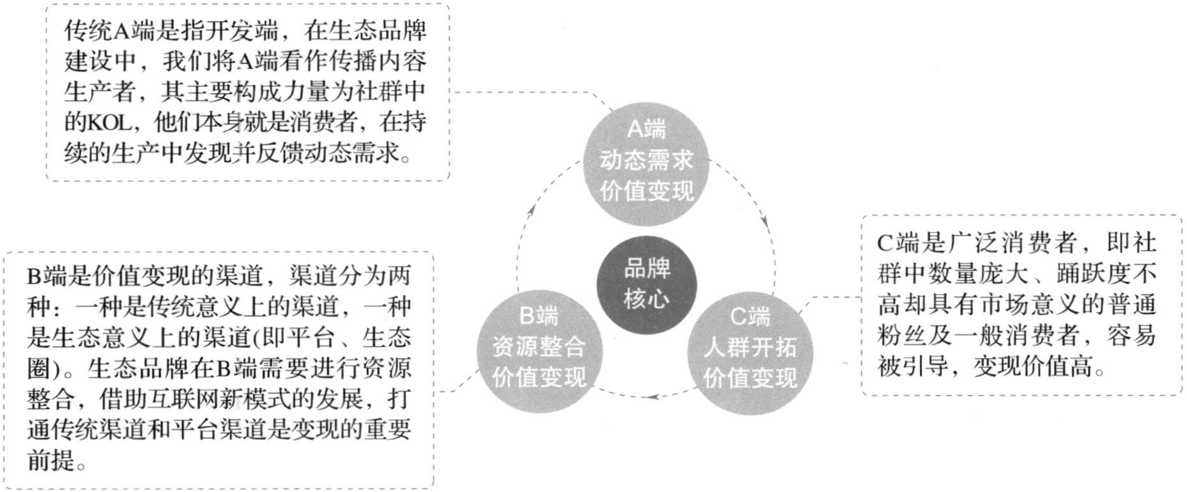

生态品牌的价值变现并不在于某一个环节而是在于全程变现，这种全程变现的前提是分工明确。

生态品牌价值变现模型

（1）KOL。生态品牌是生长型的品牌，需要不断向上的生长力量。KOL 对普通受众产生的拉动力是巨大的，甚至关键的成长、改进内容都由 KOL 圈层产出。因此一个生态品牌的长久发展会面临两种状况：一种是品牌在发展过程中自发形成 KOL 圈层，那么品牌方就必须与 KOL 建立稳定的关系，在该圈层中拥有号召力；这种情况基于 KOL 对产品、品牌的认同而自发去宣传。另一种是从一开始就由品牌方主导选择适合的 KOL 建立圈层。

KOL 的变现可以多种多样，比较简单的做法是品牌方授予荣誉或付出费用给 KOL，用以维持品牌的曝光和推动品牌的成长。除此以外，品牌方也会与关键的 KOL 形成共同创业的关系，通过平台化运作，以股权授予、签订合约等形式深度绑定。这种变现就是基于品牌方所提供的资源由 KOL 形成的自主变现，韩都衣舍是一个很典型的例子。

在韩都衣舍有两种 KOL——看不见的 KOL 和看得见的 KOL。韩都衣舍的品牌受众是 18~35 岁的女性，定位为韩风快时尚品牌。在实际经营过程中，韩都衣舍积累的是互联网品牌运营及复制的能力，在打通消费者 - 设计师 - 产业资源 - 生产制造的链条中，十分重要的一环就是设计师，也就是韩都衣舍看不见的 KOL。他们不同于具有号召力的看得见的 KOL，而是生产者，实实在在地产生着价值。韩都衣舍为设计师对接供应链，收取服务费用，设计师只负责设计和定价。因为韩都衣舍掌控销售数据，所以能够筛选出业绩优秀的设计师进行投资，从而锁定资源。通过这种看不见的 KOL，韩都衣舍用产品扎扎实实地攻城略地，不断增强自己的品牌势能。在另一边，韩都衣舍也拥有看得见的 KOL，包括明星股东李冰冰、黄晓明、任泉，代言人全智贤、安宰贤、朴信惠、池昌旭，还有签约的韩国超模朴秀珠、韩国知名设计师崔范锡……看得见的 KOL 为韩都衣舍塑造了品牌价值、品牌知名度，看不见的 KOL 则是韩都衣舍品牌势能中重要的一环，他们从里到外推进了一个生态品牌的成长。

在品牌的成长过程中，看不见的 KOL 因为韩都衣舍的平台提供了创业的机会而成就个人事业的不在少数，他们变现的不仅是利润，更是人生理想；而看得见的 KOL 在与品牌合作的过程中收获了佣金、曝光率，与品牌形成了多方共赢。

（2）渠道。渠道是流通的路线，随着互联网技术在商业上的应用，除了传统的渠道，渠道的形式也在创新，有销售平台、分发平台等多种形式。无论形式如何多变，渠道的本质并没有改变，渠道之所以是商业模式中非常重要的一环，是因为渠道的核心在于掌握消费者。渠道分为两种：一种是传统意义上的渠道，在同质化较高的行业中掌握了大部分利润；另一种则是基于生态品牌而衍生的平台、生态圈，这种形态的渠道打破了传统渠道的边界。比如在家居建材的营销中会产生诸多的异业联合，橱柜商会成为门窗商的渠道，这种渠道的组合基于同一消费人群的需求打通渠道，收获流量、利润、机会，甚至形成新的商业模式。

KOL 的价值变现则基于现有价值的直接变现，而渠道的价值变现则基于打通价值的流通通道形成新的变现。

（3）消费者。生态品牌的消费者是社群中数量庞大、踊跃度不高却具有市场意义的普通粉丝及一般消费者，容易被引导，变现价值高，是企业的利润来源。

伴随着新技术、新模式的出现，以一大批互联网企业为代表的新兴企业形成了所谓的先占据市场再考虑变现的模式，越来越多的新兴业态拼的是生命周期，以“烧钱”为基础、以“融资”为第一要务。这样的品牌实际上在消费者价值变现端出现了问题，以免费的模式培养消费者的使用习惯并不是一件新鲜事。传统企业的推销中会有试用、赊账等模式，以产品优势降低消费者的选购防备心理。但这种手段注定是短期的，需要有产品价值作支撑，需要企业从一开始就设计明确的价值变现，而不是通过免费的手段做到一家独大后再考虑价值变现。一个产品免费过久，在消费者心目中的价值就会降低，企业再试图拉升价格从而获得利润就会十分困难。

第3篇

面对挑战，如何构建品牌生态圈

FISSION

Compulsory Course of Future Brand

未来的企业竞争不再局限于企业与企业之间、品牌与品牌之间，还会出现在生态与生态之间。人类正在以前所未有的速度进行融合，商业也是如此。技术打破了制约，令商业价值融合产生了新的模式。这样的改变甚至出现在大众观念中认为很传统的产业——农业上。在传统的认知中，一个好的农产品背后所代表的是安全、健康、新鲜、美味，消费者通常会依据种植区域、加工形态、地理标志等一系列信任要素来辨别一个农产品是否属于自己心目中“好的农产品”的范畴，例如大米中一枝独秀的五常大米——黑龙江省五常市出品、清朝贡米，但是五常大米是一个品类，相关的品牌实在太多，福临门、金龙鱼、五丰等各个品牌都在依赖这一品类获得红利。

那么，那些没有品类红利可以依赖的品牌该怎么办呢？

2017 年，有一种米的生态圈做得风生水起：袁米。

袁米是海水稻，即在盐碱地上出产的水稻，它与人们心目中“好的农产品”差距太远了，不属于黄金种植带，不是传统意义上的好地，更没有地理标志，还是一种新的事物，为什么还会创造出 2 000 多万元的众筹业绩呢？

袁米为自己打造了一个小型生态圈，覆盖了从种子端到餐桌的所有环节，其中的参与者有：种子提供者（袁策生物），种植者（山东种植基地），销售者（开始吧众筹平台、京东、美好的店、淘宝等），烹饪器具提供者（卡萨帝、美的集团），第三方机构（中国营养学会）。他们各有任务：种子提供者提供有源头可查的优良品种，种植者提供全程可追溯的种植过程，销售者吸引流量以及完成销售，烹饪器具提供者研发适合水稻烹饪的生态炊煮系统，第三方机构提供营养证明。

袁米所主导的生态圈是从种子到餐桌原生营养饮食生态圈，基于种植基地、互联网平台、营养机构和家电制造商跨界合作，实现了从种子培育到终端购买、营养把控、烹煮入口全产业链把控。这个生态圈中的所有参与者都以此为基础，发起了各种各样的市场活动，所有品牌捆绑在一起，共同发力，共同获益。

值得一提的是，在这个生态圈中品牌势能不是来自袁米品牌，而是来自种子提供者袁隆平。这位大师将他的一生都奉献给了水稻科研，被誉为中国杂交水稻之父，在民众心目中具有高度的公信力和强有力的个人魅力，本身对品牌就是力量巨大的信任背书，消费者会产生天然的信任感，从而降低了农产品消费中最难被争取到的购买决策门槛——信任。

从这个小小的案例中可以看到生态圈的力量是多么庞大，它可以让一个品牌在短短的时间内快速生长，回避了以往品牌所需要的营销路径，实现弯道超车。可以预见的是，未来这样的品牌会越来越多，面临挑战的品牌运营方是否已经做好了准备？是走进生态圈，自建生态圈，还是被市场淘汰？

如果做好了接受挑战的准备，又要如何构建品牌生态圈呢？

08

你的未来是哪种生态？

第2篇中我们谈到，生态品牌的核心是品牌势能，那么围绕这种势能所集合起来的顾客、供应商、二线品牌、经销商、公关公司，甚至是投资者、被投资者都将进入一个生态体系中，这有点像我们所说的“物以类聚、人以群分”。

从一个品牌出发，往里看是这个品牌内部的核心价值、企业管理、企业文化等；往外看是品牌所处的社会政治、经济、自然、技术以及人文环境；横向看是与这个品牌息息相关的合作品牌、竞争品牌、同质品牌；垂直看是上下游的关系，是与顾客相关的各种中间渠道、终端等。这些错综复杂的关系组成了品牌的生态圈。

在管理咨询界，丰田的管理模式在很长一段时间内被奉为模范，其基于精益生产所需建立的协丰会、丰田占有股份的关系企业，实际上就是一种初级的生态关系。这种生态关系以丰田的生产活动为核心，辅以资本及人员的交流融合。丰田母公司与协丰会进行商业活动，其订单量深深影响着此类公司的发展，而持股20%以上的关系企业通常由丰田进行管理人员派遣，以便加强对厂家的管理。这种生态关系实际上是一种以核心企业为对外接口的封闭型生态圈，生态圈严重依赖核心品牌，核心品牌影响其他品牌的生存、发展、壮大及衰退，是一荣俱荣、一损俱损的共生关系。

生态圈可以简单划分为企业动用自身资源形成的自建型生态和依靠外部资源整合形成的融合型生态，以及两者兼有的模式。伴随商业形态的进化以及技术的发展，聚集了柔性组织、高素质人才、技术高地、资本等多种优势的互联网领域，飞速兴起了四种发展模式迥异的生态圈：乐视、小米、腾讯、阿里。从概念上而言，乐视是国内最早践行生态战略的企业，不论成败如何，理念上是先进的；从结果上看，小米则是践行生态最稳步发展的企业；从版图上来衡量，腾讯和阿里则是隐没在水面下的巨兽，体量巨大。分析这四家企业的生态发展路线会发现，同样是生态圈的打造，却有着不同的路径。

人造物种：乐视的成与败

乐视的生态圈是典型的自建型生态圈，并且是齐头并进式的生态发展模式。

起于 IP

乐视的起家源于对 IP 的认知。在 IP 低价之时，乐视网储备了大量的 IP 资源，在某一时期可谓国内资源最全的网站，进而积累了第一批用户，完成了口碑积累。艾瑞 2011 年底的监测数据显示，与优酷和土豆覆盖的独立用户数量相比，乐视差别巨大，月度仅为 1 亿，而优酷、土豆分别达到了 3 亿和 2.7 亿，但乐视用户的人均单日浏览时长排行业第一。这个特点体现了用户与品牌之间的黏性，是付费观看模式的重要基础，也就进一步扩大了广告投放价值。

2012 年乐视开始扩大外围合作，探索互联网电视业务，与 CNTV 进行战略合作，进军互联网电视机顶盒业务。借助 CNTV 的互联网电视牌照，乐视以高清机和机顶盒占据用户的客厅，并将乐视 TV 版和乐视商店预先植入海信智能电视。

2013 年，乐视以颠覆者的姿态进军互联网电视行业，直接冲击了传统的电视机厂商。当时的竞争模式与现在大多互联网竞争模式一样，靠低价格、补贴等方式收割用户。乐视一度被冠以“价格屠夫”的称号。彼时，乐视超级电视可谓乐视生态路径的初步试水。伴随超级电视的市场投放，乐视提出了“大屏生态”：平台 + 内容 + 软件 + 硬件 + 应用垂直整合。电视机硬件只是流量入口，乐视通过内容生态的构造完成用户黏性、忠诚度打造，最终在不同链条上进行变现。

分析进入电视市场已 5 年的乐视电视以及其他生态板块，

与大屏战略强相关的三大业务板块乐视致新、乐视云和乐视网虽然处于亏损状态，但“大屏生态”依旧是生态体系中最成熟的板块，且最具有变现价值。其产出能力比较成熟，因而成了新乐视战略调整的聚焦领域。

兴于资本

乐视网 2010 年在创业板上市。三年后创业板迎来了牛市，从 2013 年上半年传媒互联网领涨到下半年冷门板块补涨，指数持续上行，2013 年全年创业板估值从 34.4 倍上升至 60.4 倍，全年估值上升幅度达 75.6%。与创业板的景气行情同行，乐视网从中获取了发展所需资源，在资本手段上渗透进入二级市场、债券市场、新三板、私募投资、风险投资、银行等，以“乐视网”为现金牛，进行了一系列眼花缭乱的资本操作。

乐视公告披露的营业收入情况及乐视投融资公开行为整理如下：

通过从资本市场不同渠道进行融资，乐视开始疯狂扩张市场规模。从商业逻辑的角度来说，市场规模是企业发展中良性发展尤其关键的一环。有了巨大的市场份额，企业就可以获得规模优势、品牌优势、源源不断的利润来源，从而进行成本压缩，在竞争中占据有利地位。但如果为了占据市场花费了巨大的代价，而这种代价不是短期的且没有趁势建立起竞争优势，那么就会对企业造成沉重的负担。一旦资金链断裂，业务却没有产生造血能力，就会对企业造成致命打击。

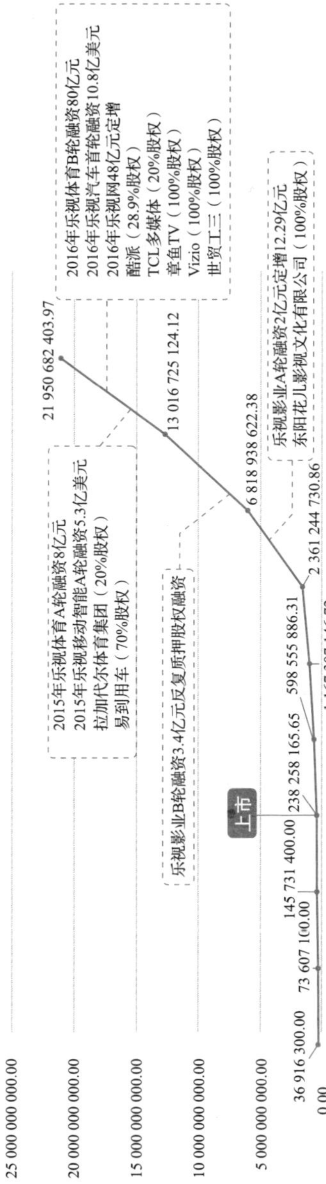

自2010年上市以来，乐视在资本层面反复快速运作，通过并购、自主发展成就了庞大的乐视生态。

"乐视生态战略第一阶段，以各个子业务线为主、平台业务为辅。但我们蒙眼狂奔、烧钱追求规模扩张，全球化战线一下子拉得过长。"贾跃亭说。

在乐视频繁的资本市场操作中，关联交易是高风险地带。2017 年是贾跃亭与乐视进行切割的时间，根据 2017 年半年报披露的信息，截至 2017 年 6 月 30 日关联方应收账款余额 524 089.34 万元，占总应收账款的 51.85%，比之 2016 年有所下降。发布于《新京报》2016 年 11 月 14 日 B04 版的《乐视网 4 年关联交易额增加 600 多倍》一文指出，2013 年乐视网关联交易仅在 2 800 万元水平，2013—2016 年乐视网关联交易额增加 600 余倍。

夭折的生态化反

很多人看不懂乐视是因为乐视的发展没有轨迹可言。回顾许多大型公司的发展路径我们会发现，大多是有据可循的，即依据产业链上的核心竞争力进行多元化发展。而乐视不同，它采用的是一种具有塑造性的战略发展形态，只设定框架，在发展中不断调整步伐。

一直以来，外界都对乐视的生态与传统的多元化之间的区别感到困惑。以美国企业为代表的多元化策略，目的在于减少单一领域经营风险和谋求战略目标的相应增量，因此会出现相关多元化、非相关多元化的各种各样的经营形式。所以当乐视确定了战略七子——互联网及云、内容、大屏、手机、体育、汽车、互联网金融的生态战略方向时，很多人自然而然地会把这种形态界定为多元化经营。

两者本质上的区别在于：多元化战略需要在企业内部分析完成后，通过外部环境研究，确定战略目标、商业模式、协同路径，经过路径分解，找出清晰的发展路径。多元化战略很大程度上需要企业 3 ～ 5 年的严格执行，通过保持一致性的行动计划达到目标。乐视生态则不同，整个战略就是以整合为目标，而非以可量化的经营目标为目的循序渐进。七大业务板块看似关联性较弱，但都可以通过互联网进行改造和连接，且最初的宏观战略框架设置具有灵活性，可以依据生长态势在奔跑中不断调整。当子生态达到一定量级或被互联网改造完成、打破各自的边界后，彼此间可以充分嫁接。价值链打通就意味着可以互相共用借力，完成生态圈内的价值流动，由弱关联进化至强关联，共同实现爆炸级成长。同时，传统多元化发展的载体是同一家公司、同一群人，而生态化的发展需要进行专业切割，因为生态的不同板块具有不同的特质，需要在发展中依据这种特质选择独有的发展方式。

品牌亦如是。

乐视在生态化反的战略推进过程中，建立的是单一的品牌架构关系，不仅乐视网、乐视影业、乐视体育等业务板块沿用了乐视品牌，其产品乐视超级电视、乐视手机等依旧被冠以乐视品牌。

在市场推广中，单一品牌有助于减少资源投入，能够最大限度地借用累积的品牌优势去冲击新的市场，在短时间内建立起信任。但单一品牌的劣势在于，一旦出现负面因素，会造成整个品牌全面贬值，信任垮塌。

对于生态而言，单一品牌的劣势不止于此。每一个品牌呈现出的形象、调性，与行业、创始人、企业文化等因素紧密相关，都有其不可复制的特殊性。一些无须承载情感的品牌可以通过单一形式进行命名，而一些需要长久发展的品牌，会具有自己独特的烙印。乐视生态也是如此，乐视体育是业务品牌，乐视手机则是产品品牌，两者是两个不同层级的品牌。体育应该代表热情、公平的运动精神，手机则代表丰富的软件生态和性价比高的硬件，当共用乐视这个品牌时，两者都不能传达其独特性，尤其是贾跃亭的个人形象与乐视品牌紧密捆绑，其个人的举动和性格又赋予了与体育、手机等诉求相悖的品牌气质。

当乐视网这个生态中的核心品牌丧失竞争优势及生态养分难以支撑时：利润下滑、资本市场失信、内容地位无法保持流量拉力、自制剧进入瓶颈……随之而来的是生态坍塌，各业务领域的负面声音都集中在乐视的金字招牌上，加速了整个生态的凋敝。

人造物种的难度

乐视选择的生态圈形态，是一种以乐视网为依托进行的模式尝试、复制及物种安插的形式。确立了生态发展方向之后，各板块齐头并进式发展。这种发展的优势是：如果企业的支撑力足，会在新兴的领域迅速完成跑马圈地，并且在几个板块之间建立强协同性，支撑彼此的初期发展。

这种发展模式同时也对企业提出了很高的要求，多板块推进会产生源源不断的现金流需求、资源对接需求、人才需求、组织变革需求等，要求企业在新环境下的发展过程中，对生态圈中各板块的价值有清晰的认识，以平衡其资源投入。乐视的轰然倒塌，原因有两点：一是没有守好其根本——乐视网的盈利能力，让企业缺少了从根本上能够细水长流的生存能力，这种生存能力需要建立在某一领域的深耕及垄断性地位上，要求其保有核心竞争力，进而保有资本市场上的运作优势。二是没有迅速建立各板块相应的独立造血能力，从资本运作的层面达到数据的繁荣协同，实际上掩盖了各板块独立盈利能力缺失的问题。获利能力的培育时间过长会拖垮核心品牌，并不能形成生态中的“化学反应”，反而使其成为生态中的“黑洞”，吞噬其余品牌建立起的优势，协同以及共同生长也就无从谈起了。

从增的层面乐视做到了，从减的层面乐视却忽略了，而每一个优秀的生态，必定伴随新陈代谢。

竹林模式：小米的过往与未来

小米的生态圈模式是自建 + 融合，以小米品牌为生态圈核心，扶持核心圈层品牌生长，继而融合更多的品牌形成生态圈。

谷仓生态学院将小米的生态发展模式命名为竹林模式。竹林中欣欣向荣，有老去的竹子，也有破土而出的竹笋。

从植物学的观点来看，在地上分生许多竹竿，在地下则互相连接，起源于同一或少数竹树的主茎。

小米生态圈的主茎，也就是生态圈中的核心品牌，就是“小米”。小米起源于小米手机，小米手机就是一个典型的生态品牌，它的核心是性价比。在发展中，小米缔造了被业界奉为经典的新的概念：社群营销。小米正是通过不断地与粉丝互动完成了品牌进化，为生态圈发展夯实了基础。

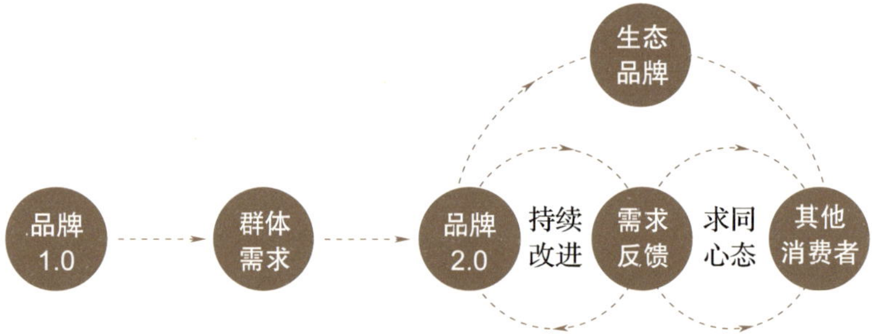

小米品牌进化路径

小米生态圈的发展实际上基于小米这个核心品牌势能的释放。小米的品牌势能并不是其在手机市场上的竞争能力，而是其通过手机业务积累的能够复制输出的能力，其能力不会因为产品的形态不同而产生适应性问题。

小米的品牌势能包含六个方面。

（1）品牌引流能力。对于通过投资和管理建立的由超过210家公司组成的生态系统而言，小米开放授权了两个品牌一个渠道：一个是以手机业务为核心的小米，一个是专门承载生态链产品的米家品牌，一个是开放平台渠道小米有品。小米品牌是生态圈中的核心品牌，也是流量和信任的最初来源，背后代表的是数量巨大的优质用户，此类用户是愿意以真金白银来为品牌付出的。米家品牌打造的生态链产品是精品电商，通过多种硬件产品，逐渐完成了对用户需求的持续挖掘，完成了需求串联。而这种需求串联只需要通过小米品牌建立起初期的信任感，就可以通过小米生态链加以释放，引流至米家。小米品牌自带的引流能力和信任，除非是经过日积月累的正向积累，否则难以达到，这也是小米体系内弥足珍贵的品牌影响力。因此小米在生态链可控的产品上使用了米家品牌，而对生态圈中合作并没有那么紧密的合作伙伴在保留自有品牌的同时，允许其使用小米有品的渠道，从而在品牌端建立起了风险隔离。

（2）产品设计能力。小米具备全套的产品设计能力，涵盖用户需求挖掘、产品前景分析、产品形态设计、技术难点攻克、供应链整合、工业设计、二次改良等从无到有的过程，这种设计能力可以帮助生态链企业进行产品设计及改良，并严格控制品质，确保其生产的硬件在同一个产品设计原则及美学调性之下。

（3）渠道能力。小米依靠小米手机拓展的小米商城，目前是全球排行第八的电商平台，而该渠道连接的不仅是消费人群，更是消费人群基于品牌的信任。这种带有信任烙印的渠道从根本上减少了消费者的购物成本，容易完成购买的转化。目前小米布局在线下的小米之家，坪效达到了 27 万元，200 ～ 300 平方米的面积，最小存货单位（SKU）精简，门店管理标准化，模式高度可复制，这也是小米能够在 2 年内迅速铺开的原因。在完成 2019 年前达到 1 000 家门店的目标后，小米之家对流量的拉动和品牌效应的树立的意义，就不能仅仅视为渠道作用了，它更大的意义在于帮助小米生态圈中的新物种快速实现产品、品牌认知及销售，扫平市场障碍，完成跨品类的流量吸引，带来利润，支撑品牌下一步发展。

（4）资金。在探讨小米的品牌势能时，不可忽略的是小米的创始人雷军。在实际的商业环境中，资源的整合有些并非靠公司与公司之间的关系达成，而是始于人与人之间的合作。雷军作为小米的创始人，其旗下的顺为资本是小米生态圈打造过程中不可缺少的一环。顺为资本对外界宣称是一家独立的投资机构，但从其投资的案例来看，与小米生态圈版图重合度极高，硬件、电商、教育和房产服务的项目是顺为资本最爱投的领域。从诞生之日起，这家资本机构既是财务投资公司，又是一家与小米紧密相关的孵化型风投机构。其联合投资的伙伴中，除了小米科技，还有晨兴资本、策源创投、红杉资本、高榕资本这样的知名投资机构。对于生态圈中的新物种来说，唯一需要的担心的就是：是否可以赢得小米的拥抱。

部分小米生态链企业

公司	产品	投资角色
润米科技	拉杆箱	联合投资
睿米科技	车载蓝牙播放器	联合投资
纳恩博	平衡车	跟投
小蚁科技	智能摄像头、运动相机、智能行车记录仪	联合投资
九安医疗	智能血压计	联合投资
21 克手机	老年手机	联合投资
绿米联创	智能家庭套装、无线开关、人体传感器、门窗传感器	联合投资
万魔声学	活塞耳机、铁圈耳机、头戴耳机	联合投资
智米科技	空气净化器	联合投资
云米科技	净水器，水质测试笔	联合投资
创米科技	智能插座、万能遥控器、随身 WiFi	联合投资
Yeelink	智能灯泡、床头灯	联合投资
青米科技	插线板	联合投资
蓝米科技	蓝牙耳机	联合投资
紫米科技	移动电源、LED 随身灯、车载充电器、随身路由器、彩虹电池	联合投资
华米科技	手环、体重秤	跟投

（5）供应链。小米初期的饥饿营销被视为先支付锁定订单再按需生产的模式，这实际上暴露了起步初期供应链方面的短板。从被富士康拒绝到与富士康联合建厂，小米在供应链方面通过手机销售建立了议价能力优势，与许多优秀的供应商形成了协同合作关系。这种关系有助于小米生态圈内的企业在创业初期就拿到市场上难以企及的供应价格，从而降低产品成本，使产品有足够的性价比吸引力来冲击市场；同时这批生态圈内的企业带来的销量繁荣，进一步帮助小米降低了供应链成本，即当手机市场销量下滑时，帮助小米稳定供应链，在供应链上建立起绝对的优势，成为整个生态圈企业共用的绝对优势。

（6）管理能力。小米的生态链企业与丰田协丰会有部分相似之处，即都是通过资本与人员的融合进行管理。首先是对核心人员的管理。小米生态链企业中的核心人物起初来自小米的“朋友圈”，由小米进行财务投资，占有15%~20%的股份。在对该类人员的管理上，小米采取了价值观一致的方式，即以寻求志同道合的人为根本，以小米的兄弟文化进行感染，形成软性的管理手段。其次是对供应链的管理。小米制定了考核制度，以品控要求进行科学的考核，建立“白名单”和“黑名单”。最后是团队磨合管理。小米一直采取补位＋管理的模式，在先期初创团队不完善的情况下，由小米的内部人员进入相关公司担任职务及从事实际运营工作，待对方完成团队建设即进行交接撤离。

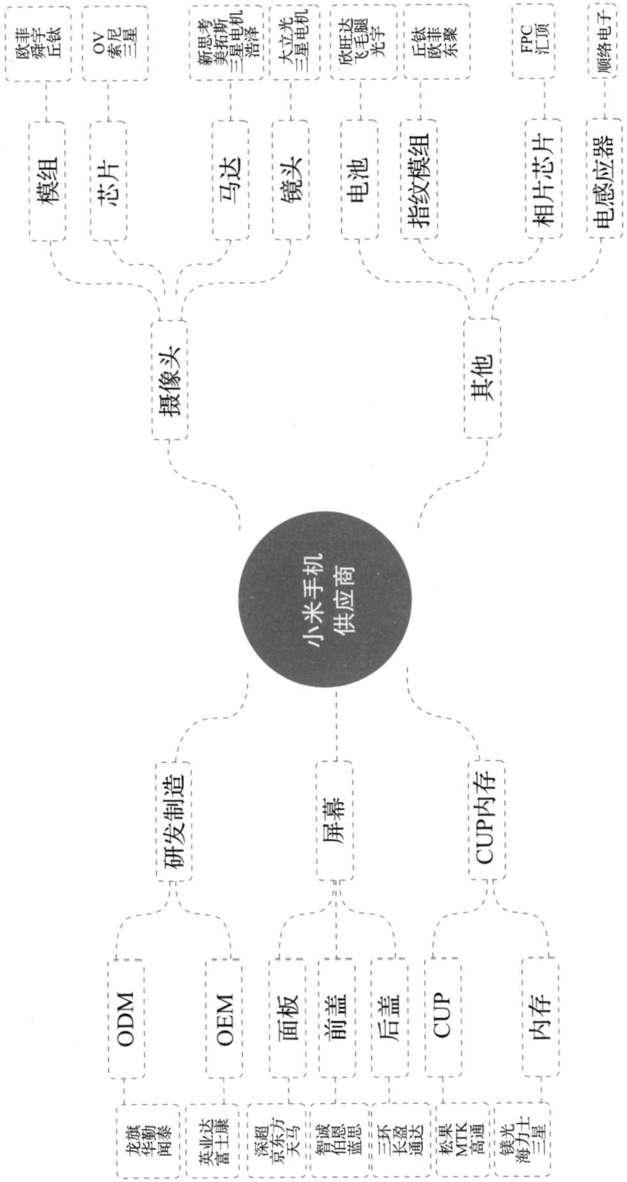
小米手机供应商
摄像头
模组
欧菲 舜宇 丘钛
芯片
OV 索尼 三星
马达
新思考 美拓斯 三星电机 浩泽
镜头
大立光 三星电机
其他
电池
欣旺达 飞毛腿 光宇
指纹模组
丘钛 欧菲 东聚
相片芯片
FPC 汇顶
电感应器
顺络电子
研发制造
ODM
龙旗 华勤 闻泰
OEM
英业达 富士康
屏幕
面板
深超 京东方 天马
前盖
智诚 伯恩 蓝思
后盖
三环 长盈 通达
CUP内存
CUP
松果 MTK 高通
内存
镁光 海力士 三星

以上的品牌势能是用来支撑生态圈发展最根本的要素，都来源于小米手机时代的经验、资源、资金积累。正是由于小米在市场上建立了稳固的市场地位，才有了生态圈的未来。而生态圈中的企业，虽然各自建立了细分领域的优势地位，但也服务于小米的物联网发展战略，成为其中的一分子。由小米手机上的那个“开关”连接着商业中的最关键要素——为之买单的用户。

小米的生态圈以核心品牌为原始积累，通过核心品牌势能进行输出、释放，从而完成品牌生态圈建设。这样的生态圈形式具有风险低、物种独立性强、细分市场深耕充分、每一个节点都能够为生态圈输送养分的优点，并且在后期的发展中会逐步降低对核心品牌的依赖，从而避免生态圈的整体坍塌。对外部竞争而言，竞争者面对的不再是一个来自手机行业的小米，而是来自各行各样的小米生态圈。这样的生态圈造就的是一个百亿规模的小米，而不是一个止步于十亿规模的独角兽小米。

水面下的巨兽：A 与 B 的大生意和小生意

阿里巴巴与腾讯为融合型生态，以投资并购的形式进行外部品牌融合，形成生态圈。

不得不说，在中国，生态圈做得最好的两个公司就是阿里巴巴和腾讯。更为有趣的是，这两个公司的生态圈各有特色。在此用两个词来总结：大生意和小生意。

我们先来看阿里巴巴的生态圈。马云曾多次提到要打造阿里生态圈。在他看来，互联网的顶级竞争就是生态圈的竞争。他所谓的生态圈，就是发起者为了促使企业在边际效应极低的互联网实现进一步发展，防范竞争对手，培育新的盈利点，通过并购、联盟、开放等形式，横向进行扩张，纵向进行深化，建立起来的一个循环商业竞争体系。我们看到，马云的生态圈更像是横向的生态圈，即处在一个版图面上：电商、支付、外卖、音乐、电影……马云抢占的是一个全面的、渗透性极强的生态圈。但马云的扩张并不是没有根据的，他的每一步都有理有据有调研。他曾经坦率地表达：这是一个抢钱的时代，这是一个跨界打劫的时代。跨界是生态圈的一个重要特征，而跨界的前提是有足够大的活跃用户数据和盈利能力作为支撑，否则跨出去就收不回来，可能变成胡乱扩张。更为重要的是，阿里生态圈中的各个分支都相互协助，淘宝、盒马、支付宝等组成了一个线上线下的闭环，即马云为消费者设计好了一个完整的生活状态和动作，每一个子品牌都获得了市场，同时还能相互促进，可谓棋走高招。

当然，腾讯在版图的扩建上也做得非常出色，但其更为耀眼的一个特点便是小生意。可以说，腾讯的生态是建立在大生态圈中的小生态。腾讯的大生态圈是依据其战略发展思路而定的，是类目上的大选择，其常规手段是投资并购。在腾讯的生态圈发展中，有个特色值得一提，那就是做产业中的小生态。怎样理解这种小生态呢？我们拿这些年腾讯最红火的游戏产业举例。腾讯游戏是腾讯业务的核心部门，但在该业务中，腾讯的优势不是研发，而是渠道和分发。因为掌握了流量入口，腾讯的渠道优势很强，位势很高。同时，腾讯的大数据分析工作也在持续改进，通过对用户大数据的收集与分析，腾讯可以在收费、玩法、留存、活跃等重要阶段掌握第一手数据资料。为什么要这样呢？其实，正是因为这种垂直的生态打造，让腾讯能精准地了解市场、改良产品，而那些最应该与玩家紧密接触的研发厂商，却因为缺少发行渠道与玩家产生割裂，在大数据分析上它们不如腾讯精准。对游戏有所了解的读者应该知道，在大型项目上线时，由于渠道方掌握了话语权，研发厂商需要进行配合改进，以提高项目的成功率，可以说游戏产品的种种进化，不是掌握在研发厂商手中，而是掌握在渠道商手中。甚至可以这样说，引领整个游戏行业的不是研发厂商，而是渠道和发行商。

不过，腾讯这种小生态在一开始也招致了一些问题。比如，在与游戏研发厂商进行利润分割时，腾讯与其收入比通常是9∶1，如产品被判定质量很高、发展前景很好，则收入比通常达到7∶3。从收益上看，腾讯分割较大，导致很多独立小厂以及工作室难以为继，明显不利于大生态的发展。于是，在此形势下，腾讯建立了第三种利润分割方式：高买断+低分成。这种形式是指以高于保本的金额进行游戏买断，后期月流水做少量分割，从而保证实力较小的研发厂商获得持续发展。同时，腾讯还上线了wegame游戏平台，免费为单机游戏厂牌提供分发机会。这种举动从一定意义上保护了游戏生态中一些小众的游戏研发厂商及游戏形式，有利于逐步修复被大厂严重冲刷过的游戏生态。

同样，在文学板块，腾讯成立了云起书院，操盘运作 IP。不同于其他文学网站，如晋江文学城、潇湘书院等对作者前期“放养”的政策，云起书院在初期就深度介入，帮助作者进行选题、曝光量扶植，待作品积累了一定人气时进行 IP 运作，打通影视、游戏改编等系列环节。可以说，不论是游戏还是文学，腾讯生态模式的核心优势在于价值的可流动性。

事实上，不论是阿里的大生意，还是腾讯的小生意，其生态布局都是为了流量。因为流量是互联网上最核心的资源，而这种资源本质上就是人，因为社会是由人组成的。阿里和腾讯的布局实际上深入到了人所触及的每个细节，深入到了社会游戏规则。流量的另一个重要价值，是其转化不受技术、时间、地理、商业模式和产业的限制，所以以流量为养分建立的生态圈，既满足了目前生态圈中物种的生存需要，又进一步为扩大生态圈版图提供了资金、资源。

生态化是企业进化的一种路径，如果说多元化是为了追求企业价值，平台化是在追求规模效益、产业整合、提高效率，那么生态化无疑是在追求价值的连接和流动，推动着新的商业模式进化。其最重要的贡献是打破界限，让原来被行业、模式、地域约束的各种业态、各类人进行新的连接，创造更大的价值。未来，竞争不再是单个企业之间的竞争，而是生态圈中的竞争，企业的生态圈越大，价值流动性越大，那么竞争力就会越强。

09

从无到有：建立生态圈

如果说生态是企业进化到一定程度的必经之路，那么作为企业就需要前瞻性地考虑如何建立生态圈。品牌的战争是心智的战争，企业想要赢得市场、赢得利润就要赢得心智，保证企业或者产品在消费者的第一选择阶梯内，而消费者对于企业的认知归根结底都会通过品牌来实现。品牌在消费者心智中的体现，就是企业从内到外综合性的体现。

在未来的市场竞争中，单独的企业会逐渐丧失竞争优势。因为在结成生态圈的企业之间形成了价值流动、势能释放，比之单打独斗的企业，好比是一群人对一个人的斗争。而当企业以生态型的扩张路径去发展时，消费者看到的就不再是一个单独的品牌，而是生态圈所带来的整体感受。因此，如何让消费者看到品牌和如何建立生态圈有着休戚相关的紧密联系。

一个生态圈需要建立规则，这个规则就是由握有生态圈中品牌势能的生态运营者制定的。那么，这些规则的元素有哪些，它们又是如何相互合作构成一个生物圈的呢？在这一章，我们就着重谈谈如何建立生态圈。

辨明生存土壤

要想让一个品牌发展出生态圈，外部环境是非常重要的，那么是否有标准来衡量这片土壤是否适合品牌的成长呢？

《晏子春秋》里说过一个故事：春秋时期齐国著名政治家、思想家、外交家晏子出使楚国，楚王请他吃饭喝酒，酒兴正酣之时，两个士兵绑着一个人来到一众宾客面前。楚王问士兵："绑着的人做了什么？"士兵回答："这个人是齐国人，犯了偷窃罪。"楚王看着晏子问："齐国人本来就善于偷东西吗？"晏子离开座位回答："我听说橘树生长在淮河以南的地方会长出橘子，生长在淮河以北的地方就变成枳，只是叶子相像罢了，果实的味道却不同。这是什么原因呢？因为水土不相同。老百姓生长在齐国不偷东西，到了楚国就偷东西，莫非楚国的社会风气使百姓善于偷东西吗？"楚王悻悻然赔笑说："圣人是不能同他开玩笑的，我反倒自讨没趣了。"

这个故事一方面表现出晏子的聪明机智，另一方面也让一句话载入史册：橘生淮南则为橘，生于淮北则为枳。这句话说明了一方水土对于一个人的重要性，也体现了一个人要适应一方水土所必须做出的改变，这和我们如今研究品牌的本土化有着异曲同工之处。在现代品牌中，我们能看到许多失败的案例，也有许多成功打入市场的赢家。所谓成王败寇，一个品牌进入一个行业，最重要的是什么？除了品牌个性、资本力量、核心竞争力，更重要的一点是要理解这个行业所处的环境，包括消费者、社会、历史、政治、地缘等。

为此，我们应该先看这个生态圈所处的土壤是否与风口有关。仍然以小米为例，雷军有句名言："站在台风口，一只猪都能飞起来。"当手机的风口来临时，小米准确地进行降价和高性能打击，乘势登上了产业高峰，这是小米的第一次生态圈环境孵化。

这也是我们常提到的，要在产业爆发期创业。2016 年 11 月乌镇的世界互联网大会上，有人提出"互联网已经进入了下半场"，人工智能便成了风口。显然，做人工智能汽车、VR 技术研究的公司，都拥有生态圈孵化的环境。

内容创业也成了风口。这两年大热的自媒体公众号，就是站在风口上乘势上扬。专写鸡汤文的咪蒙，点评电影的毒舌电影、桃姐电影，时尚领域的 gogoboi、石榴婆，在自媒体大热时期成长为坐拥几百万粉丝的大号，这也是它们的第一次生态圈环境孵化。

由此我们说，一般情况下，站在风口上的公司都是符合外部环境的。但风口总有过去的时候，一旦竞争加剧，支撑品牌的卖点成为通用卖点，日子也就不好过了。与产业爆发期对应的是消费者爆发期。小米在风口过去后形成了核心品牌，核心品牌的背后是很多愿意为品牌买单的消费者，消费者爆发便为小米提供了第二次生态圈成长的环境。由此，小米的核心消费群体成为一家之主，在科技产品的选择上具有话语权，所以涌现出小米净化器、小米电视、小米路由器、小米平衡车等。可见，形成核心品牌、培养愿意无条件为品牌埋单的发烧友，是继风口后促进品牌生态第二次成长的有利环境。

在塑造第二次孵化环境的过程中，各个品牌的策略不尽相同。空调的红利期过后，格力以科研技术为核心，以 KOL 董明珠为助攻；商业地产的黄金时代过后，万达发展多元化品牌，从地产跨到文化领域，同时还有网红王思聪吸引流量。有人说，自媒体的风口即将成为明日黄花，不少自媒体大号也在打造品牌生态圈第二次成长的环境。比如点评电影的毒舌电影和桃姐电影，最近正忙着投资电影产业，希望在风口过后仍然能继续维持生态品牌的成长。

因此，品牌是否站在产业风口，或者是否具有第二次环境孵化的能力，成为评估其能否成长为生态品牌的另一外部环境标准。

当然，除了风口，对生态圈土壤本身的分析也非常重要。显然，一个品牌进入一个新行业，最重要的还是这个市场的水土。在品牌生态圈里，适应水土的品牌就很可能茁壮成长。外部条件是品牌塑造的外部作用力，这个品牌究竟是圆是方，很大程度上依赖于外界对它的压力。本书将外界因素主要分成 3 个部分：政策、产业链和资本。

政策绝对是非常重要的一环。英国经济学家亚当·斯密在《国富论》中提出了“看不见的手”，指的是市场机制对经济发展的作用；英国另一位经济学家凯恩斯在《就业、利息和货币通论》一书中则提出了“看得见的手”，指的是国家对经济生活的干预。显然，任何一个市场都离不开这两只手的相互作用。尤其在发展中国家，品牌要注意政府的政策导向，应该使自身处在政府鼓励发展的产业中，而不是处在要被淘汰的夕阳产业中，这是关乎品牌生存的问题。2014 年，习近平总书记在中共中央政治局第十五次集体学习时强调，使市场在资源配置中起决定性作用、更好发挥政府作用，既是一个重大理论命题，又是一个重大实践命题。科学认识这一命题，准确把握其内涵，对全面深化改革、推动社会主义市场经济健康有序发展具有重大意义。在市场作用和政府作用的问题上，要讲辩证法、两点论，“看不见的手”和“看得见的手”都要用好，努力形成市场作用和政府作用有机统一、相互补充、相互协调、相互促进的格局，推动经济社会持续健康发展。[①] 显然，在政策方面，中国正在切实转变政府职能，深化行政体制改革，创新行政管理方式，健全宏观调控体系，加强市场活动监管，加强和优化公共

① 习近平．“看得见的手”和“看不见的手”都要用好．(2014-05-27)．新华网．

服务。这对所有企业来说是一个巨大的机遇。准确把握市场动态和政策方向，是一个企业进行行业分析和未来决策时必须考虑的。

当然，对上下游产业链、价值链的分析也是必不可少的。在生态化发展的现在，产业链上下游未来都将成为生态圈中的一员，而生态圈的最初发展雏形也是产业链。因此，如何利用好产业链上下游，关乎生态的发展；明白产业链上下游的企业需要什么、思考什么，关乎整个品牌能否在行业中立足。所以，要想在一个行业立足，品牌对其上下游企业的分析、选择是十分关键的。这里通过杜邦莱卡的案例来解释如何分析、打造一个良性的行业合作链条。

杜邦莱卡是世界纺织业的领导品牌，2000 年，杜邦莱卡在全球推出一项针对纺织业价值链上众多环节而设计的营销管理策略——莱卡最佳伙伴计划。这个计划对于杜邦莱卡来说，是以在最短的时间内整合上下游供应链，获取市场先机为目的的一份产业结盟计划，即以杜邦莱卡为中心的一个新颖的行业供应链管理计划。通过设立杜邦莱卡推荐认证工厂的方式，展开杜邦莱卡全球网络，与布料制造商直接共享新概念技术与营销合作，为纤维销售与纺纱制造商提供特许经销的权利，对面料生产商采取认证工厂的策略，与原料生产、上游和下游企业结合构成整体的供应链合作网络，共享杜邦莱卡的品牌优势。

这个计划的第一步，就是杜邦莱卡推荐认证厂商的选定。关于这个选定杜邦莱卡有自己的标准，比如：

（1）市场上占有重要地位，有决定性影响，信誉好、忠诚；

（2）在质量控制过程中，有内部实验室或外部可信赖的测试设备；

（3）能进行良好的加工控制；

（4）工厂拥有测试装置或愿意且有能力安装测试装置。

在选定认证厂商之后，杜邦莱卡做的就是数据共享。它利用其全球整合的数据库系统通过数据交换等方式向合作伙伴传递关于杜邦莱卡纤维最新应用方向、杜邦莱卡与其他纤维混纺加工面料的技术情报、内衣服饰市场的发展趋势、新的地理细分市场的状况等信息，合作伙伴则利用其新搭建的管理信息系统向杜邦莱卡反馈内衣市场消费动向、杜邦莱卡纤维采购和消费方向、新产品开发设想、杜邦莱卡添加比例、加工面料中的技术问题等信息，形成有效的双向拉力。无论是对杜邦莱卡还是合作伙伴来说，此系统都促进了其各自在市场上的正向发育。

之后便是品牌使用，杜邦莱卡允许推荐认证厂商向其顾客直接发放吊牌和其他市场营销辅助物，运用杜邦莱卡的品牌力量吸引消费者。就这样，杜邦莱卡为合作伙伴建立了一个相对封闭的市场，与纺织产业链上不同环节的厂商进行品牌合作，充分发挥互动效应，从而降低交易成本，增强最佳合作伙伴之间的相互信任并减少相互竞争。

从杜邦莱卡的案例中我们可以看出，通过杜邦莱卡最佳伙伴计划，它突破了作为“看不到、摸不着的中间材料”无法直达消费者建立品牌的困境，以它的技术为信任背书，为所有使用它所提供的纤维，并得到质量认证的服装产品免费提供杜邦莱卡的专用吊牌，一方面为合作品牌提供卖点及质量背书，另一方面将这些品牌都带上浓厚的杜邦莱卡气息，依靠上下游的力量建立自己的品牌，使杜邦莱卡的品牌成为消费者的决策依据。当杜邦莱卡在整个行业、消费者心中打上品牌烙印后，还怕没法在这个行业立足吗？这就是杜邦莱卡靠产业链扎根的策略。

除了关注政策和产业链，另一个使品牌扎根生长的重要步骤就是对资本市场的渗透。生态品牌的发展往往意味着多次并购、投资等，投资是生态圈发展壮大的最快途径，资本市场则是生态品牌发展的血液，无论是前期核心品牌打透消费者，还是后期生态圈扩建，都需要资本支撑。这其中，一个企业最重要的手段就是恰当的市值管理。所谓市值管理，就是公司建立一种长效组织机制，致力于追求公司价值最大化、为股东创造价值，并通过与资本市场保持准确、及时的信息交互传导，维持各关联方关系的相对动态平衡。这就涉及净利润、股价、品牌无形价值等概念。上市公司提高市值的基本途径有两条：一是提高经营利润——上市公司的产业面；二是提高估值水平。也就是说，市值管理既要管理经营利润、估值水平，又要管理二者之间的因果传导和互动关系，以实现企业价值最大化和可持续发展。从这个意义上说，市值管理就是管理一个公司的一切，它是企业经营管理的集成概念，属于企业“总成原理”的顶层设计范畴。从这一点来说，能在资本市场上进行良好市值管理的公司，等于给自己的品牌发展提供了良好的物质基础，也为企业的稳固发展提供了长久的能量。

除了对政策、产业链、资本展开分析，一个品牌的外部环境分析还有许多其他方法。比较有名的便是波特的五力分析理论。波特五力模型是迈克尔·波特于20世纪80年代初提出的，认为行业中存在决定竞争规模和程度的五种力量，这五种力量综合起来影响产业的吸引力以及现有企业的竞争战略决策。这五种力量是塑造一个品牌生存能力的要素，也是经营者分析外部环境，尤其是一个行业竞争热度时必须考虑的要素：同行业内现有竞争者的竞争能力、潜在竞争者的进入能力、替代品的替代能力、供应商的讨价还价能力、购买者的讨价还价能力。这里我们用手机行业的案例来解释这个分析模型。

首先从供应商的议价能力开始。拿苹果公司举例，苹果的老牌供应商包括PortalPlayer和欧胜电子等，好几代iPod都采用了它们的芯片，而最著名的莫过于富士康。2011年，苹果共生产了9 000万部手机，富士康最终只得到了1.8%的利润，远远不如苹果的58.5%。由此看来，供应商的议价能力是比较弱的。但是，这些供应商的能力正在变强，尤其是像富士康这样的企业，在特朗普上台提出美国制造业回归后，这些苹果供应商的话语权变得越来越大。因此，如今处理好与供应商的关系对苹果而言是非常重要的。其次是购买者的议价能力。显然在现在的手机市场中消费者的议价能力并不高，用一句俗语来描述苹果再形象不过——皇帝的女儿不愁嫁。你如果嫌贵不买，它可以卖给别人；中国消费者嫌贵不买，它可以卖给其他国家的消费者。事实上，刚才说的这种情况发生的可能性很小。自2007年苹果推出第一款手机后，其优秀的产品、统一的架构和风格、强大的品牌号召力、狂热的消费者、优良的售后服务，让购买者几乎没有议价能力。再次是现有竞争者的竞争能力。显然，手机行业的竞争是非常激烈的，不论是苹果这样的高端品牌，还是小米、华为等独树一帜的国产品牌，都在设计、宣传等方面下足功夫，已经很难再出现当年诺基亚一家独大的场面了。这个行业唯一有吸引力的就是它的替代品暂时还没出现，手机依然是最重要的通信设备，而像谷歌眼镜这样的潜在替代品尚未形成气候。总体来说，从五力模型的分析角度来看，手机行业已经趋于饱和，除非有颠覆性的创造，不然盲目进入只会尴尬收场——就此看来，格力进入手机行业未必就是一个好选择。

除了五力模型，PEST 分析也是常用的外部分析方法，其分析手段更接近我们之前说过的政策、资产和产业链的分析模式。它是一种对企业所处宏观环境分析的模型。所谓 PEST，即 political（政治），economic（经济），social（社会）和 technological（科技），这些都是企业的外部环境，一般不受企业掌握。因此正确分析 PEST 对企业的决策有很重要的作用。

PEST 分析法非常复杂，这里不具体展开。不过 PEST 里每一个大块都有许多小的变量，分析好这些变量对于整体的决策把握有着非常重要的作用。根据总结，这些变量主要有如下几种。

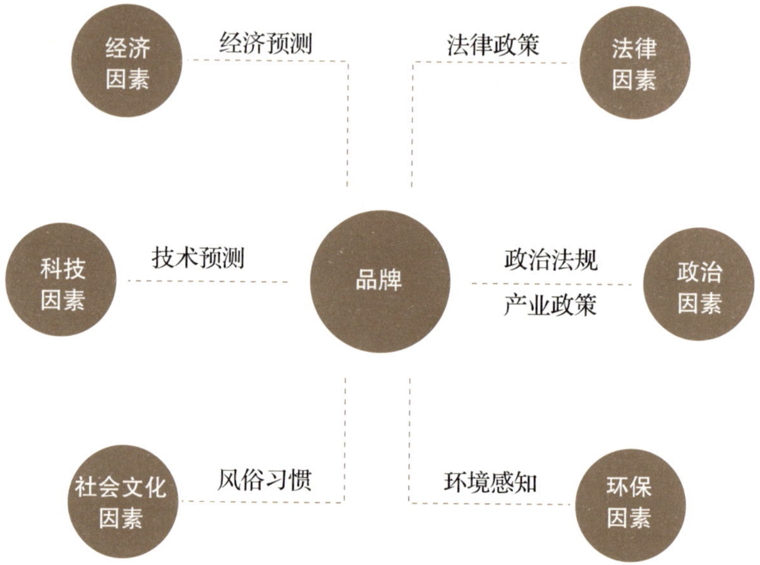

寻找第一颗种子

结束外部环境的讨论后，一个生态品牌想要跨越成为生态圈，就不再是一个企业的问题，而变成了若干个品牌、若干个企业的共同问题。

和宇宙大爆炸一样，整个宇宙诞生于密度无限大的奇点，品牌生态圈也源于一个具有强竞争力的种子。我们总在谈论生态圈的中心是生态品牌，但并不意味着生态品牌就是那个种子，这粒种子应该是品牌背后所代表的被认可的契合消费者价值需求的心智占位。

生态圈中相互交织的要素有企业业务逻辑、企业资源以及重要的可流动的价值等，但这一切都是背后的故事。一个生态圈能够与消费者建立联系的触角是品牌。在消费者的心目中，他们是基于自己的需求为品牌付费，而不是为企业的业务逻辑和管理效率等内在竞争力而付费。消费者是商业环节中直接变现的重要组成，随着商业模式的进化，无论这部分消费者是企业级还是个人，都由品牌建立其与背后的故事联系的纽带。而在经营过程中，很多企业往往注重内部管理、生产等“内功”，而忽视了“外功”，这就可能造成以产品抢占了市场，却没有完成品牌积累的后果。随着技术壁垒逐渐降低，同质化加强，已有市场被进一步挤压，如果只建立利润积累，却没有完成品牌忠诚度转化，企业就会丧失先发优势。

因此，生态圈的种子既是生态圈诞生的由来，也是生态圈能够实现价值流动的出处。那么，生态圈的种子既然这么重要，作为生态圈的缔造者，该如何去找到这个代表消费者心智的种子呢？

以人群为基础去寻找种子，而不是以业务逻辑去寻找

生态圈的基础是合作，合作的基础是基于业务发展中某部分互补、强化、拓展的需要。这就注定了生态圈中的企业最良

性的匹配状态是，消费受众是同一群人。也许品牌所代表的品类不同，即有些品牌是企业级品牌，有些品牌是个人品牌，有些品牌的产品甚至不直接出现在消费者面前，但如果它们最终能够在同一类消费者中产生价值，那么就符合生态圈的建立或融合基础要求。

国内的家电龙头美的集团发布了智能家居生态圈，去中心化、场景智能化、共建生态、共享资源等词汇成为战略的核心，而来自华为、中粮集团、IBM、安吉星的代表也参与了这项计划。这样的生态圈组合看起来更像是不同领域的强强组合，组合的原因是“鉴于消费者对智能家庭的需求，未来各智能产品不仅需要满足用户某方面的应用需求，同时应该是一个有机连接的整体，各个企业、各个品牌的操作系统也应该开放，打破现有的互联壁垒”。很多生态圈都是由强者联合而成的，因为强者能够提供更多的资源，并且在各自领域有强大的竞争力。不过当我们仔细观察这些生态圈的时候，却发现这种组合不一定能够称为生态圈，而只能是战略合作伙伴。

许多时候品牌覆盖受众的范围非常广泛，甚至群体之间的差别非常大，所以，以多元化业务为主的集团品牌通常无差别地进行人群传播覆盖。这种无差别的覆盖会导致看似什么资源都可以进行组合，空中楼阁描绘得非常壮丽，实际落地过程中效果却不理想。正常的生态圈组建过程应该是，品牌持有方在广泛的人群中挑选细分目标人群，将与细分目标人群相关联的资源进行注入，从而提高精准性与合作的顺畅度。

在美的的生态圈中，大框架中并没有谈及准确的市场人群是谁，但在落地的过程中需要准确地细分人群，进行针对性的合作投入。合作投入的第一步应该是基于自身的能力范围、发展现状及战略指向去做细分市场规划，这部分市场应该有明确的人群和需求，使企业可以根据人群以及需求，进行有选择的合作。如美的与京东就基于共同的细分人群推出了美的 - 京东智能冰箱，指向明确的细分人群：具备消费能力的城市中青年。对于美的而言，家电的消费者是具有成长性的，而城市中青年人群是具备消费能力的主力军，这部分人群的 3C 家电购买平台是京东。京东在流通端的势能无疑是强大的，同时京东身为国内流量第一梯队的平台，有巨大的曝光量，其消费人群与家电的消费主力人群是契合的。这次合作指向的人群是城市中青年，他们历经多年的智能家居洗礼，同时又存在和父母分居的痛点。该智能冰箱可通过内置双摄像头和图像识别技术，管理其中食材的有效期和储存量，甚至学习用户的饮食习惯，提供持续性的食材购买服务。与此同时，KOL 刘强东在微博上号召“首先为父母买一台”，此冰箱在硬件产品的功能之外为子女提供对父母的健康进行管理的能力，关注人与人之间的链接，主攻智能完整生态，与美的构建智能家居的生态战略吻合。

随着供应链不断成熟，家电的技术壁垒逐渐降低，互联网家电层出不穷。伴随智能家居的风口快车，跨界进入家电领域创业的人带来了层出不穷的互联网家电，电视机、电饭煲、洗衣机等都在冲击着传统家电企业。美的的生态圈是防守，同时也是进攻，以自己的技术、品牌为核心，进行对外输出。而在推进中，互联网企业想要掌握数据、流量入口，成为智能家居的关键要素掌握者；传统家电企业利润率低，想要利用智能家居来提升利润率，形成自己的数据链，所以也不打算在未来沦为配角，因为事关企业的资源投入及未来发展诉求，合作的全面铺开不可避免地伴生企业之间的矛盾。所以在生态圈奇点的寻找上，如果先以能贯通合作多方的同一细分人群为基础，在需求之上满足市场需求，在合作中调整姿态，摸索出平衡的生态圈发展规则，那么企业也就有了试错的资本，围绕细分人群进行关联资源投入，避免浪费和丧失合作信心。

生态圈中的种子是能够打动生态圈受众的心智占位

无论是奥美的品牌形象理论，还是特劳特的品牌定位理论，最终寻求的都是消费者能够记住品牌、选择品牌。归根结底，这是一场心智的争夺。

生态圈依托核心的生态品牌而生，小米之于小米生态链，乐视之于生态化反，苹果之于苹果生态圈，丰田之于协丰会……其核心的生态品牌是能够调动消费者的纽带，是能够在市场上形成高知名度和高美誉度的品牌，并能够在品牌之下集结大规模的具备消费能力的消费群体。

然而，生态品牌就等同于生态圈的种子吗？

不，并不是。

生态圈的种子是生态品牌背后所能够满足需求诉求的认知。

普通消费者的日常购买或者是企业级的大宗采购都存在这样的过程：

第一步，产生需求。

第二步，寻求需求解决方案。

第三步，应用解决方案满足需求。

路径虽然简单，分解起来却是一个复杂的工程。由于商品同质化越来越严重，品牌的作用开始显现，心智的争夺战进入白热化。

路径的第一步是基于消费者所处的环境自然产生的，是品牌不可控的部分，对该部分品牌可以进行引导但并不能产生决定性的作用。如在午餐前，川菜的餐饮品牌可以利用自己的香味来提醒消费者“午饭时间到，该吃饭了”，而该消费者决定是去吃川菜还是去喝粥并不是由餐饮品牌决定的，因为这需要消费者结合自身的需求环境来决策。例如：川菜虽然好吃，但头天吃过火锅了，今天该吃点清淡的。那么在这个场景下，餐饮品牌的香味引导就在决策过程中失效了。

购买决策过程的第二步是寻求需求解决方案。这一步的过程发生在消费者心智中，而我们所见的超市排面、产品推销广播、户外广告、微博营销段子、公众号宣传视频等手段，不一而足，都在影响消费者心智中的选择。

在这个过程中，消费者会依据需求去建立选择解决方案的模型，包括不同的决策方式、决策依据、决策标准，只有满足条件的品牌才可以进入下一步的筛选。在匹配完成后，消费者才会选择特定品牌的产品和服务。

在实际的品牌运营过程中，因为行业不同、产品功能不同，品牌的运营方会遇到各种各样的复杂情况，而且同一个品牌也会覆盖不同层次的受众。那么，如何才能寻找到这颗种子呢？

首先，需要明确生态圈所覆盖的宽度，生态圈的种子需要能够覆盖生态圈内的所有物种。是单品类，还是相关多品类，抑或非相关多品类？如果是单品类和相关多品类，就会存在从功能性方面入手的可能性，从而与消费者的直接需求连接，形成较高的品牌到达效率。但从发展的角度看，生态圈发展到一定程度，都会容纳许多非相关的品类，甚至是差距较大的业态。业态相关性越差，提取的宽度就会越大。如果是专业的游戏装备生态圈，覆盖游戏本、竞技键鼠套装、电竞显示器等，完全可以主打硬件的功能性；但如果这个生态圈还覆盖各类游戏平台，则需要拓展至游戏乐趣，再深入一点拓展至生活用品，那么这个生态圈就是在试图去影响消费者的生活，就要在生活方式的方向上去寻求自己品牌生态圈的种子。

其次，需要明确生态圈的高度在哪里，生态圈的种子需要能够承载生态圈的高度。这并不是单纯地以售价去区分，而是在同类竞品中作档次的区分。巨头集团之所以手握各种品牌，就是人为地设置了这种区隔。生态圈也是，海尔虽然是国际化的知名品牌，但在中国人的心目中并不是一个高不可攀的品牌，而更多的是进入普通百姓家庭，并不具备在高端商务人群中发展的基因。因此，当海尔冲击高端市场时，它设置了独立品牌卡萨帝，并尽量避免卡萨帝与海尔的捆绑。因此卡萨帝虽然是海尔旗下的一员，在市场推广中却主导建立了自己的生态圈。生态圈的高度明确后，就可以知道这粒种子到底应该落在奢侈、品质还是实惠上面。

生态圈有大有小，越大的生态圈寻求种子的难度越高，越小的生态圈则越准确。当一个生态圈大到一定程度时，这粒种子就会变成消费群体所追求的共性。比如无印良品覆盖这么多产品种类，又有酒店、餐厅、书店、面包店等业态，想要倡导的其实是一种生活理念，这种生活理念在任何行业任何产品上都可以承载：生活的“基本”和“普遍”。

同样，从卡萨帝的生态圈来看，种子是“为爱而生”，在对外表现的时候，以“发现生活，为爱进取”为口号。卡萨帝冰箱、洗衣机、空调、厨电、热水器、冰吧、酒柜打造的食联生态平台、衣联生态平台、呼吸生态平台、美食生态平台、用水生态平台和新鲜生态平台组成首个商旅人群高端生态圈，以七大产品解决商旅人群三大健康痛点。卡萨帝紧紧结合高端商旅人士，为商旅精英提供最适合的生活环境，这一切都是在为“更好的生活和爱”这一理念做保障。为了让消费者对卡萨帝生态圈的感知更强，卡萨帝举办了思享荟、家庭马拉松等活动，进一步巩固自己的品牌生态圈形象。

衷心希望每一个品牌生态圈都能够准确地找到自己的种子，而这颗种子能够100%在受众心智中生根发芽，好比小米的生态圈种子：年轻人适用的高性价比国货。

种子含有能够在所有品牌中形成价值并流动的力量

简单直接地说，品牌是为企业经营服务的，直接的作用是占领市场、稳固市场、提高溢价空间，拉长产品和企业生存的时间；隐晦地说，因为品牌承载着外界对企业的认知和信任，这种信任可以转化为资源，使上下游的账期拉长、融资成本降低、周转率提高等，这些都是品牌所带来的价值。

在寻找生态圈中的核心种子时需要注意的是，要连接生态圈的外界受众——政府机构、消费者、生态圈外的产业合作者、资本市场的共性诉求，而这种诉求是对整个生态圈中的物种而言的，所以种子中必须有能够满足该诉求的要素。该类要素分为两种情况：其一是直接满足生态圈外的受众诉求，如创新。技术的创新满足了政府所主导的产业结构升级，解决了消费者生活中的痛点，帮助生态圈外的产业合作者提升管理效率或是促进产品升级，给予资本市场未来想象的空间。基于此，整个生态圈都需要与种子保持同步，表现出创新的品牌概念及格调气质，由此衍生的消费力量就会流转至生态圈中的其他品牌上。还存在另一种情况，即虽然不直接满足生态圈外所有受众的诉求，但因为能够满足单一受众的诉求从而可以产生强大的力量去影响其他受众的认知。同样以创新为例，即用模式创新去改变供需链条构成。在租房市场中，一对一的交易形式并不能释放出力量，当租房中介推出“租房＋金融”（ABS）的模式创新后就释放出了新的力量，此时租户（消费者）是感受不到这种力量的，因为租户的行为还是交租金然后入住。作为另一端的合作者（房东）也感受不到创新的力量，因为房东的行为还是签署租房合同然后收租金。那么哪里改变了呢？由于模式的创新，资本市场感受到了未来空间的增长性，出于对品牌的信任和模式的认同，金融机构投入资本来完成模式创新升级，有源源不断的资金进入租房领域，租房领域内的运作者通过对房源跑马圈地从而期待完成垄断。寡头形成后，资本的收益也就指日可待了。同时，这种力量还可以传导至租户（消费者）层面。借助资本的力量，品牌的市场占有率提高，符合大众心目中传统的大品牌形象，消费者的从众心理会产生巨大的作用，从而在选择时会优先选择该品牌，进一步提升了品牌的知名度和占有率；而房东（合作者）也会因为该品牌对租户有强大的吸引力、有优势的收租价格而优先将房源出租给该品牌。新模式的成功还会为生态圈中的其他业态，如新房及二手房销售等引入新的资本力量，促进发展。

因此，一颗种子对生态圈来说是发育的基础。回顾关键要素的寻找过程，这粒种子的寻找路径应该是：锁定消费者，在消费者中寻找满足需求的心智占位，赋予可流动的价值力量。

描绘四季生长

生态圈如何发展？这就需要制定所谓的生态战略。生态战略是指基于用户拓展性、业务协同性所产生的，由核心生态品牌进行延展，不断整合相关联品牌的多品牌战略。其本质意义是企业的战略选择，利用产融互动思维，对产业链进行整合，建立业务协同性，并基于同用户的消费习惯在多元化产业进行投资、开拓、整合，用以补充、进化品牌圈层，完成对消费者的深度开发。

生态战略用于生态品牌迈出自我发展的第一步后，进入与合作伙伴紧密发展的初级阶段，但因为生态品牌的品牌运营方需要面对不同的细分市场，或者需要影响多个无法控制的利益相关方，所以这种战略不同于传统战略，不能准确地预测市场环境。

品牌生态战略的核心是融合与协作，在发展中彼此吸引，在吸引后彼此协同合作，在共同的演变中建立新的市场，获取利润。

生态战略的构建是指利用生态品牌的品牌势能来造就在生态圈中的影响力，依据影响力来调节各方的利益、目标、路径，最终形成一套生态圈的运转法则。

因此，生态战略构建有三大关键点：（1）树立价值观；（2）选择物种；（3）厘清价值并形成流动。

树立生态圈的价值观

生态圈的核心主体是生态品牌，而生态品牌在从点到圈的过程中需要建成一套具备吸引力的生态逻辑。这是一种号召力和凝聚力，会像口号一样把生态圈中的各种品牌聚集在一起，我们称这种凝聚力为价值观。可以说，树立价值观是建立生态圈规则的关键一步。

对于价值观的重要性，表现最彻底的是小米生态链。早在 2014 年，雷军就在极客公园创新大会上许下“未来 5 年内投资约 50 家类似于小米的公司”的豪言。之后 4 年多的时间里，雷军领导的顺为资本、小米投资及相关子公司先后投资了近百家公司，包括 UC 优视、多看科技、瓦力语聊、7K7K、太美、I Speak、YY、一起作业、智谷、卡卡移动、喜讯无限、迅雷和天网，电子商务领域的项目有卓越网、尚品网、凡客诚品、乐淘、耶客和我有网，互联网社区的项目有逍遥网、乐讯社区、多玩游戏网（原“欢聚时代”）、绿人网、Tech Web、长城会、雷锋网、知乎和大街网，其他领域的投资项目分别有拉卡拉、可牛、好大夫、ZEALER、金山多益、积木盒子，涉及地图、影视、智能家居、互联网金融、移动安全、新媒体、电商、手游等行业。

除了做手机，小米还开始通过投资的方式做手机周边的所有硬件智能产品，并希望能利用小米手机连接一切。对初创或中等规模的团队，小米其实是通过投资的方式，向它们输出小米的价值观、产品定义以及对品质的要求，与专业团队一起完成产品研发。同时，在做生态链的过程中，小米的品牌生态也越做越大。小米投资的 YOU+ 国际青年公寓也被称为小米家装。乍看起来，这样一家互联网家装公司和小米手机有点八竿子打不着。其实不然，YOU+ 国际青年公寓创始人陈炜在顺利拿到 5 000 万元的 A 轮投资前曾和雷军谈了一个多小时，在雷军“七字诀”（专注、极致、口碑、快）的点拨下，小米家装的商业模式被定为“699 元 / 平方米，20 天完工，手机监工，不用去工地，有需要的话设计师上门服务”，他要打造和小米手机一样的性价比之王，互联网销售渠道也与小米手机销售渠道如出一辙。

小米生态链上的其他企业也一样，最初的生态链成员企业都是从“熟人”做起，保证了一致的价值观。与志同道合的人做事会事半功倍，也会减少摩擦，取得更高的效率。小米越做越大后，这个生态圈的形象就需要每一个成员企业去维护，尤其是硬件产品领域。它们或以米家品牌出现，或背书小米品牌，或共用小米渠道。一个产品出现质量问题并引起舆论发酵，会导致整个生态圈的口碑坍塌，这种情况往往难以通过商业手段制约，只能在商业手段制约的基础之上，通过筛选价值观一致的创业者（不赚快钱，做国民企业）来避免。一旦创业者接受了这种价值观，其本身就变成一道产品的保险。用自觉性来规避风险，比用强制性手段来规避风险，显然柔和又可靠。

可以说，小米在选择合作伙伴或者新产品时都是围绕着价值观进行的，不符合价值观的，一律不做。

有了主体，有了运行的规律，又有了领导生态圈的精神意志，品牌成圈，算是蓄势待发了。

选择生态圈物种

在一张生态网中，生存的主体就是物种，也就是各大品牌。生态圈中需要建立协同性，互联网行业中的各种收购风潮实际上就是物种的选择过程。在这里，我们通过一正一反两个例子来说明一个公司谨慎挑选生态圈物种的重要性。

第一个案例来自著名奢侈品牌普拉达。事实上，这两年奢侈品行业的日子并不好过：香奈儿、卡地亚降价了，路易威登、古驰停止扩张了，连一向“高冷”的爱马仕都打折了……不过最惨的还要数意大利品牌普拉达，先是频频爆出质量问题，被调侃买来一年没坏的一定是假货，后是高管逃税丑闻，无一不让这个叱咤时尚圈的品牌大腕愁云惨淡。究其原因，很大一部分来自盲目的扩张和品牌线的混乱。而受影响最大的便是普拉达的掌舵人——缪西娅·普拉达（Minccia Prada），2015年，她的净资产由前一年的111亿美元下降到41亿美元。如果把她损失的钱全部拿去买普拉达的“杀手包”，至少能买350万个！

说实话，缪西娅·普拉达的发家之路还是非常值得学习的。1949年，缪西娅·普拉达出生于米兰，当时她外公马里奥·普拉达（Mario Prada）一手创立皮具品牌普拉达已经有36个年头了。在安然度过了两次世界大战后，这个曾经的米兰小作坊成长为欧洲的时尚宠儿。1970年，结束博士学业的缪西娅·普拉达面临两难选择：一边是她难以割舍的文化圈和社会活动，另一边是日渐式微的家族企业面临没落危机——当时，在古驰、爱马仕等品牌的夹击下，普拉达的品牌影响力一落千丈。在母亲的施压下，缪西娅·普拉达最终还是回到了家族企业。

1978 年，缺乏明星产品的普拉达陷入经营困境，在外人看来，破产或者被收购将是这家老店的最后归宿。面对种种猜测，缪西娅·普拉达夫妇临危受命，正式接管公司，成为新的掌舵人。而面对风雨飘摇的家族品牌，“登基”后的缪西娅·普拉达尽显女王姿态，步步为营，力挽狂澜。在产品上，缪西娅·普拉达大刀阔斧地进行改革。缪西娅·普拉达在参加意大利空军的一个活动时，看到飞行员所用降落伞的材质轻薄耐磨，突然萌发了一个大胆的创意——用降落伞常用的黑色尼龙面料设计背包。1985 年，普拉达推出了这款黑色尼龙包，马上引发哄抢热潮，成为时代的代表单品。同年，普拉达还推出了成衣系列，利落剪裁和特殊面料引领了极简主义风潮，公司一改皮具匠形象，成为一家真正的时装公司。最后，普拉达把精力放在了拓展产品线上。1992 年，公司推出了品牌缪缪，声称要“把大女人变回小女孩”。这款更加年轻跳脱的品牌一出世就大受欢迎，在让普拉达赚得盆丰钵满的同时，还赢回了多个国际大奖。

清晰的品牌定位和以普拉达、缪缪为组合的品牌链带领普拉达走上了全新的辉煌。然而，成也萧何，败也萧何。对品牌数量的迷恋让普拉达越发偏离轨道。20 世纪 90 年代，普拉达开始猛烈并购，把吉儿·桑德、海姆特·朗等优质品牌收入囊中。囫囵吃下多个大品牌之后，普拉达开始出现消化不良症状——债额成倍上升。那些看似优质的设计师品牌，最终只落得了一个为普拉达“集团化经营”的噱头。2005 年，为了甩掉债务，普拉达先后剥离吉儿·桑德、海姆特·朗等品牌，将重点集中到核心品牌缪缪和普拉达上。同时，普拉达还将目光投向了中国市场。2011 年，普拉达在中国香港上市，对中国内地市场进行了“大跃进”，曾在上海创下两个月开四家专卖店的纪录。

这种“大跃进”的后遗症是在经济危机的背景下，普拉达品牌的资金状况堪忧。广开店，可比单店销售额下滑，直接导致普拉达手中可支配现金缩水，同期的成本上升更是雪上加霜，再加上其他品牌对总公司的蚕食，普拉达最终在经济寒冬中陷入困局。

从这个案例中可以看出，品牌数量未必是公司成功的关键。对于大公司来说，品牌越多不一定就能取得越大的效益。生态圈绝不是盲目繁殖，物种并不是越多越好。这里我们必须提到品牌生态学中的一个原则——限制因子原则。这是生态学中的一条重要原则，指生物的生存和繁殖取决于综合的环境条件状况，任何接近或者超过耐受性范围两端的状况都可能成为限制因子。这个原则有两层含义：

（1）品牌的生长受它们需要的综合环境因子中数量最少的那个因子控制。生态系统中的植物受到一些微量元素的控制，品牌也是如此。这个微量元素包括许多东西，可以是一个小小的特点、一个小小的功能、一个小小的产品等。比如普拉达的尼龙包就是这样一个因子。

（2）品牌的生长发育同时受它们对环境因子的耐性限度（不足或过多）控制。在生态学中，这个定律解释为任何一种环境因子对每一种生物都有一个耐受性范围，范围有最大限度和最小限度。一种生物的机能在最适点或接近最适点时发生作用，趋向这两端时作用就会减弱，然后被抑制。放在品牌中也是，品牌的质量、定位、数量都有一个耐受性范围，过分缺少或者过分扩张都会造成品牌贬值。

在品牌生态系统发展中，也有某些因子起着限制作用。要补充的是，在应用限制因子原则的同时，还要了解因子补偿作用的概念，即因子的相互作用可以改变因子的利用率，从而在一定范围内起到补偿作用。

如果说普拉达是反面例子，那么另一个奢侈大品牌博柏利就是一个正面例子。2015 年，时任博柏利首席执行官的克里斯托弗·贝利决定扩大博柏利的品牌种类，构建一个以体验式营销为特点的品牌生态圈。首要任务就是改造摄政街上的全球旗舰店，他决定重新创立一个咖啡馆品牌，以博柏利创始人托马斯的名字命名。在整体的设计上，贝利延续了以往的低调风格，馆内装潢以黑白配搭为主，基本见不到博柏利的标志；餐厅提供的食物食材都是英国最时令优质的，从而加强了博柏利的英国标签，巩固了品牌的地域认知度；咖啡馆内摆满了博柏利的家居、旅行等系列产品，顾客可以一边吃饭一边购物，甚至连餐具也可以买走。同时，贝利还增加了定制印花服务，只需约1小时的时间就能完成产品上的姓名印花等服务，顾客还能在等待的时间里喝杯只要4英镑的浓缩咖啡……

2015年6月，咖啡馆正式开张，吸引了大批粉丝光顾。这个咖啡馆不仅大大促进了博柏利的客流量和转换率，还与博柏利服装品牌相辅相成，共同传递出高贵、优雅的品牌理念。受到贝利的启发，LVMH总裁伯纳德·阿尔诺（Bernard Arnault）也开始雄心勃勃地进入餐饮业。2015年6月，LVMH宣布，旗下法国高端百货Frank et Fils将关闭，由旗下美食商店Le Bon Marche取代。无独有偶，短短一年间，普拉达、古驰、香奈儿等时尚大牌都相继收购餐馆、咖啡馆，大力打造属于自己的餐饮王国。比如，普拉达收购了米兰的一家百年甜品店，在店里出售印有普拉达标志的蛋糕和餐具；香奈儿则在东京银座开了西餐厅，成为日本青年的朝圣之地；爱马仕在韩国首尔明洞拥有一家咖啡厅，店内有着标志性的橙色视觉元素，冰激凌上还有H形巧克力，一杯卡布奇诺的价格是12 100韩元。

这些奢侈服装品牌开设餐馆的一个目的就是供养、巩固它们的原有品牌，因为与服装、皮包相比，餐馆的消费价格相对平易近人，在年轻人的消费能力之内，古驰首席执行官马克·比扎瑞（Maico Bizzarri）把这些年轻人看成未来的大客户："提前与他们建立良好的互动，有助于提高他们的品牌认知。”可见，即便是一向难以跳出品类的服装行业，也可以找到建立生态圈的途径，只要能找到相辅相成的点。

如果一个传统的非多元化的品牌也想分享生态圈的红利，有什么方法吗？对于这样的品牌而言，加入一个生态圈应该是最好的选择。这里我们首先要普及品牌生态学中的另一个原则——生态位原则。在商业领域中，每种品牌及品牌群的生存都需要一定的生态资源和空间，为了获得这些资源和空间，它们有扩张的倾向，扩大它们的市场生态分布范围。但资源和空间都是有限的，因此必然引起与有同样需要的品牌及其群体的竞争。资源和空间是有限的，但消费者的需求又是多种多样的，通过竞争和选择，各个品牌及其群体间产生生态位的隔离，使得生态位不重叠或少重叠，从而达到一定范围内多品牌的共存状态。这段话的意思就是，所有品牌都有自己的一个座位，到了一个生态圈之后会发现有很多品牌抢同一个座位。这时就需要通过品牌定位、市场细分等手段尽可能减少跟别人坐同一把椅子的概率，从而让自己的收益最大化。因此，一个传统品牌要想融入一个生态圈，分析对手、避免冲突和找到自己新的营销点是最关键的。

一个是疯狂扩张结果得不偿失，一个是巧妙创新然后赢得满堂彩，这两个一正一反的案例告诉我们，在生态圈里，不是一个核心品牌吞并越多子品牌越好，而是应该通过一个核心价值观，将势能传递到不同的表现形式中，进而拓展出物种的多样性。这才是物种选择的不二之道。

厘清价值，形成流动

如果说生态圈中的品牌是主体，那么这些主体间的价值流动就是生态圈持续发展的血液。什么是价值流？价值流是生态圈内资源、资产、资金彼此交叉哺育的结果。价值流的种类很多，在这里大概将它们分为三种：

（1）资金流。这种流动就是外显的金钱流动，在创业型生态里可以存在，一旦企业上市规范后就不适合了，因为那样就会涉及关联交易，关系到股价的涨跌。

（2）股权流。

（3）资源流。这是指企业与企业、业务与业务之间的资源流动。

总的来说，生态主体间的价值流肯定是有闭环的，但这个闭环是一个复杂的长链条，不是短链条，链条和链条之间也有关联和流动，要根据生态环境的变化动态调整。企业如果自己独立运转就只是一条单独的经营流，只有企业联系起来，并且有一个有足够控制力的生态运营方，这个大生态才能形成。

如果你觉得这样的划分有些烦琐，我们还可以将价值流概括为利益分享的机制。我们所说的价值流路径设计，就是指在选择进入生态圈后对品牌价值进行评估：哪些品牌是引流的？价值流向哪里？哪些品牌是盈利的？盈利哺育何处？然后制定出一套投入及产出的规则。首先确定价值链条。物种进入后，是选择在原有的价值链条上进行上下延伸的盈利，还是将价值链条进行重塑？比如乐视要考虑是挣硬件的钱，还是挣内容的钱。其次确定价值流的方向。是选择垂直进化还是共生演化？比如乐视就是共生演化，几个板块齐头并进，而阿里就是去平台化的垂直进化，依靠电子商务来丰富周边生态环境。将这两点确定，生态圈里的血液就流动起来了。

10

从有到繁：发育生态圈

生态品牌的战略形成后要如何才能落地呢？我们试着从三个角度去构建品牌生态圈的落地路径：

（1）由产品发展到产品群。品牌生态圈意味着可能开始是一个产品，但未来肯定不是一个产品，而是多个产品——产品群，这是第一个组成部分，也是战略的承载部分。

（2）业务逻辑思考。业务因产品而存在，当产品在市场上占据了庞大的市场份额后，自然而然地就会形成业务逻辑。为了巩固和开拓市场，企业或生态圈会迭代业务逻辑和商业模式。

（3）建立运营管控。生态圈的管控不同于传统的上下级管控，更多的是对不同利益方的管控以及对市场、消费者的管控。生态圈是基于互动而发展的。因此要形成互动的方式，对不同利益方的管控是以价值为导向的规则型的互动，产生价值的交流；而对市场、消费者的管控则是引导型的互动，沉淀内容、数据等无形却又重要的资产。

因此我们常说，构建生态圈的落地过程，就是一个“产品群 + 强互动 + 社群运营”的过程。

产品群的诞生：从一棵树到一片树林

我们通常理解的产品群，就是一个母公司下有很多子品牌。事实上，传统品牌没有必要组建很多子品牌，传统品牌可以专而精；而生态型品牌则可以大而全，这与企业战略有紧密的关系。也就是说，非多元化的企业适合非生态品牌，而相关多元化和非相关多元化的企业更适合生态品牌。

当一个生态品牌寻求生态圈时，选择的路径可以是自建一个生态圈，或者是加入一个生态圈。我们所熟知的苹果、三星、谷歌等大企业都是自建生态圈的佼佼者。不过，即便是自建生态圈，也是有差别的。拿苹果和谷歌举例，因为系统的不同，前者形成了封闭式的生态圈，后者形成了相对开放的生态圈。但不管是从封闭演进到开放的苹果，还是希望让安卓变得无处不在的谷歌，两巨头最终的目的依然是发挥各自的优势并扩大生态圈系统。从软件到硬件，从手机到手表，自建生态圈最主要的目的就是扩大品牌共性，强化品牌认知，从而让品牌凌驾于产品之上，让顾客的购买意识先于使用意识。

许多人会说高科技企业要做生态圈很容易，传统企业要变换轨道自建生态圈则根本就是不可能的事情！事实上，古板如服装产业，要想自建生态圈也是十分可能的事情，比如开了咖啡馆的奢侈品牌博柏利。

传统的服装品牌也可以自建生态圈以提高自身品牌的竞争力，一个国内案例可以说是对此的绝好诠释，那就是电子商务女装韩都衣舍。韩都衣舍电商集团创立于2006年，是中国最大的互联网品牌生态运营集团之一，以创新的女装电子商务模式改变了人们的消费习惯。近年网购消费者权益的维护得到进一步提升，假冒伪劣现象大为减少。在所有类似平台上夺得一片市场、得到消费者的认可，不只需要品质的保障这么简单。韩都衣舍凭借“款式多，更新快，性价比高”的产品理念，深得消费者的喜爱和信赖。通过内部孵化、合资合作及代运营等，从单一的韩都衣舍品牌拓展到70多个韩都衣舍品牌集群，包含女装品牌HSTYLE、男装品牌AMH、童装品牌米妮·哈鲁、妈妈装品牌迪葵纳、文艺女装品牌素缕等知名互联网品牌，涉及韩风系、欧美系、东方系等主流风格，覆盖女装、男装、童装、户外等全品类。可以说，不论从内部外部、横向垂直，韩都衣舍的品牌生态圈都是非常值得借鉴的。

我们来看看韩都衣舍是怎样构建自己的生态圈的。对外，韩都衣舍努力从自身利益需求出发影响行业竞争规则，先占领有利的市场地位再发起进攻性竞争行动，以提升市场地位和竞争实力。在这个过程中，很多企业选择加入韩都衣舍的生态圈，然而并不是所有企业都能进入韩都衣舍的生态圈，想进入的企业必须具备在生态圈存在的价值。比如韩都衣舍所寻求的生态圈中最坚实的合作伙伴，是连衣裙、T 恤衫、牛仔裤等专业类目中全国范围内最专业的集群地的企业，这些企业不仅能提供丰富的劳动力，还有配套的优质面料辅料，这就是韩都衣舍对融入生态圈的企业的价值要求。

对内，韩都衣舍的目标销售对象为都市时尚人群，公司旗下拥有超过 500 人的专业时尚设计团队及设计师平台，并在韩国拥有分公司，同 1 000 余家韩国时尚品牌保持紧密的、全方位的合作关系，这种内部活力让它能够充分地发挥自己的品牌优势。

从 2014 年下半年开始，韩都衣舍加快向基于互联网的多品牌孵化平台升级，加速并购或参股小而美的互联网细分定位品牌，用多种方式培育更多优质品牌。所有子品牌的核心价值都是产品设计和品牌营销，韩都衣舍则在供应链系统、IT 系统、仓储系统、客服系统等方面给予全方位支持。

在完善了自身的生态圈后，韩都衣舍开放了生态圈。随着韩都衣舍的供应链越来越成熟，许多中小服装电商主动找上门。自 2008 年开启品牌战略后，韩都衣舍即开始打造供应链系统，到 2015 年，整整用了 7 年时间。其间，与韩都衣舍有过合作的供应商累计超过 1 000 家，至 2015 年，签约供应商优化至 64 家。目前这 64 家供应商 90% 的业务来自韩都衣舍。一旦与电商谈拢，双方就开始进行嵌入式合作、培育式合作。韩都衣舍根据自身的发展需求，为供应商提供升级培训，要求供应商设置管理岗，以满足整个生产流程需要的人力资源配备。这些都是对以韩都衣舍为中心辐射开来的整个生态圈的良性培育。

韩都衣舍柔性供应链对外开放，对整个品牌服装电商所产生的价值远远高于韩都衣舍企业自身的盈利价值。它解决了品牌服装电商的产业配套问题，为中小电商企业营造了生存、成长与发展的生态环境。短时间内，以韩都衣舍为代表的电商领导品牌构建出一个庞大的生态圈，而围绕这个生态圈就能形成一个良性发展的电商产业集群。这种良性发展也会造福韩都衣舍，让它有更强大的外部支撑和保护力。

不论是自建还是融入，首先都需要一个核心的生态品牌，而这个生态品牌本身就应该具备强大的影响力，这样的影响力或来自市场，或来自生产，或来自管理。其能够释放的能力必须是巨大的，可以引导生态圈中的物种发展，利用影响力进行产业级的整合，打通价值流转通道，避免恶性竞争，形成聚合力，在市场上释放出巨大的利润价值；并能够平衡各方的利益，担当规则的制定者和秩序的协调者。其他以融合形式进入的品牌需要厘清自己的价值，明确自己在生态圈的担当，不断进行价值巩固，保证不被淘汰，以确定自己在生态圈中的地位，与生态圈共生互利。

两个业务逻辑：湖泊和江河

品牌生态圈分为自建和融合，这就好比湖泊和江河，一种是有界的陆内自生而成，一种是涓涓细流汇合而成。企业以这两种不同的路径去参与生态圈落地时，所要考虑的业务逻辑是不同的。

当企业由生态品牌自建成为生态圈时，外部环境通常处于产业发展的初级阶段或者处于原有的成熟产业基于新技术、新市场需求而到了被重新颠覆的阶段，市场无法预测，企业的业务逻辑关键在于效率。

产业的不成熟导致在该领域内竞争的企业处于混战状态，有些企业会用已知的成熟模式去匹配这样的新市场，但不一定奏效，而新的商业模型中哪种能够成功也无法预测。正如国内为了“最后一公里”而“杀红眼”的共享单车，分时租赁、共享的概念并不陌生，但如何在单车这个载体上建立新的商业模式却是一种挑战。很多杀入这个领域的企业——悟空单车、酷奇单车、小鸣单车等都已经倒闭了，这些倒闭的企业都没有形成自己的业务逻辑，也没有完成商业模型的建立。毫不客气地说，它们只是引入了其他领域的老模式：烧投资人的钱进行跑马圈地。这些企业的核心竞争力不是技术、市场、有效的供给，而是路演和融资能力，正如马云所说：今天会很残酷，明天会很残酷，后天会很美好，但大部分人会死在明天晚上。

从这些已经倒闭退场的企业身上我们可以看到，生态品牌发育成为生态圈的阶段实际上是一个非常凶险的阶段，需要迅速将品牌势能释放出来，而效率是其中的关键，也是业务逻辑的核心，能够在分散、动态的行业中有效率地开拓市场、应对变化，是处于无法预测的环境中的企业的生存基础。

第一步是有效率地开拓新兴市场。

第二步是有效率地整合生态物种。在这个过程中，生态圈的构建者需要高效地寻找生态圈的物种，在广撒网的基础上明确地分辨众多品牌的价值并进行整合。如果这个过程太过漫长，构建者很可能就会沦为被整合者，或者第一阶梯的整合对象已向别人伸出了橄榄枝，接着就是不得不寻求和第二梯队合作，从而造成生态圈的薄弱，如处在重要节点上，则会造成生态圈的坍塌。

第三步是最紧要的一步，以一个合适的商业逻辑发起整合。通常我们谈到生态系统，会谈法则、秩序等，实际上无论是法则还是秩序，都只是帮我们建立生态圈中应该坚守的规则，如果有企业不遵守该规则就会被开除。但秩序不能帮助生态圈成长，能够让生态圈成长的是确定一个各方认同的愿景，构建一个多方受益的发展战略，规划确实可行且能够调动生态圈组成者的实施路径，形成以一个链条、多个核心节点、价值流、协同策略而构建起来的商业生态。

最后一步是有选择性地控制生态圈中的关键要素，维护并打造生态圈的吸引力。这需要软硬实力的相辅相成，软实力是建立文化认同，让生态圈中的每一个角色找到归属感，并能够为之付出；硬实力则是建立硬性指标，满足利润需求，否则生态圈只是一个松散的组合。

当企业以利益方的角色选择了以融合的形式进入生态圈时，将要考虑的则是另一种商业逻辑，其中最重要的核心不再是效率，而是协调。

加入生态圈所需要的第一步是关注，关注产业、关注行业、关注行业中的领导者、关注领导者未来的发展战略以及业务布局，然后选择合适的时机加入。《红楼梦》中有句非常著名的话——玉在椟中求善价，钗于奁内待时飞，说的就是成熟时机的重要性。太早无法产生协调性，太晚则会丧失彼此合作的机会，只有在合适的时机发起合作，才能建立稳固而可行的合作关系。

第二步是调整自身，嵌入生态圈。作为加入者进入生态圈，本身就会存在竞争力变动的问题，多数企业要面对是保持原有市场竞争力还是建立生态圈中的竞争力的命题。诚然，在生态圈初期，企业原有的市场竞争力与生态圈中的竞争力要求相吻合，但随着不断发展，会产生原有愿景变迁、资源倾斜的问题，甚至会逐渐退出原有市场，与生态圈一起去开拓新市场。因此企业需要辨明未来的方向以及自身的发展趋势，妥善的办法是建立双元化战略。在保有原战略的同时建立新的部门或者子公司，以分离的策略基于生态圈需求进行能力培育，并根据发展阶段进行动态调整。

第三步是找到自身的利益诉求。生态圈会为企业带来利益，但企业也要明白在这种快速的发展过程中，自身的利益诉求是什么，未来是借助生态圈去实现新市场的开发和盈利，还是借助资源完成原有产业的二次升级。在如此快速而复杂的环境中，企业需要不时调整，制定小目标并不断推进和完善。

因为身份的不同，作为品牌的持有方有两条不同的思考路径。品牌作为一个企业展现给外界的支点，本质是对战略路径的展现，而形象建立不过是手段之一，因此品牌持有方关注的关键问题应该是品牌背后的企业运营，而非简单的塑造品牌形象。

运营管控建立：生长和剔除

生态圈发展壮大后，一定会存在众多的品牌，而这些品牌通常不会在一个持有方手中，既分散又彼此关联，如果不进行管控，一旦有品牌失控，就会给整个生态圈中的品牌造成负面影响，累及核心生态品牌。对于这些持有在不同企业手中的无形资产，应该以怎样的方式去管控呢？本小节我们结合传统的品牌架构方法，对生态圈中的品牌进行管控解读。

一是唯一：以单一品牌形式打天下。这种情况适用于品牌持有方自建的生态圈，且生态圈参与方不直接关联消费者。此类生态圈中的核心品牌承载着对外维系消费者的作用，其他参与方只是部件的组合者，并没有单独连接消费者的能力，也没有定位、名称等对外呈现的需要，因此参与方只需要遵守生态圈的规则，参与利润分配即可。

二是关联：科学选取母子、背书、联合形式。这三种品牌架构形式适合自建或融合的存在多个能够与消费者对外沟通的品牌生态圈，在此生态圈中甚至有些已经具备品牌知名度。如果是多个品牌，需要判断其与核心品牌之间的关系，如两者针对同一类消费人群，为同一品类，且关联品牌不会对核心品牌产生负面危害，则可直接使用母子形式进行改造，以核心品牌作为母品牌，其他品牌作为子品牌的形式管理。如万科为母品牌，万科旗下的高端翡翠系列楼盘，均以万科－翡翠 ×× 的形式进行母子品牌管控。如果品牌之间消费者存在差异化，跨品类，功能性聚焦明显，则采用背书的形式进行关联协同，如海飞丝为产品品牌，宝洁则为其进行品牌背书。如果融合进入生态圈的品牌已经在其原有市场上取得了知名度，则以联合品牌的形式为宜，这样做能够最大化原有品牌的价值，适用于强强联合的形式，如曾经红极一时的索爱。这种联合品牌的方式并不仅是某品牌与某品牌的标识组合，常有人认为两个品牌在一起做跨界营销就是联合品牌，其实并非如此。联合品牌是品牌双方以业务组合为前提，进行战略规划、资源投入，切实地以某种投放在市场上的产品为载体建立的新品牌。新品牌拥有自己的独立标识、品牌理念，能够累积品牌资产。除了在品牌名上或许有一些联合品牌的印记以及在产品流通中获得合作双方品牌背书，新品牌应该有能够独立发展的能力。

三是独立：独立品牌形式。在以服装为行业背景的生态圈中，日系森女风的服装品牌和欧美街头风的服装品牌的产品可以出自同一个生态圈中的参与者——某代工厂。然而在实际输出到品牌终端的时候我们会发现，日系森女风的品牌和欧美街头风的品牌最好不要扯上关系，因为它们的消费人群虽然可能都是 20 ～ 35 岁的女性，但却有着巨大的差异，因此这种共用一个生态圈资源的品牌最好作为独立品牌发展。当采取独立品牌发展战略时，生态圈建造者对参与者的管理就从品牌迁移到了另外的共用关键节点——供应链、渠道、服务等。除此之外，当生态圈中的企业发展到一定程度，想要建立由自己主导的生态圈或新的相关业务时，也需要建立新的独立品牌。因为这个新品牌还在成长中，其持有方又是其他生态圈的参与者，所以在品牌建设上，要与原生态圈中的品牌核心价值区隔开来，才能甩掉消费者为其贴上的标签。生态圈的运营方也要考虑当新品牌层出不穷时，需要设置新的独立品牌来覆盖可能产生负面的品牌，建立对核心品牌的保护墙，进行风险隔离，以避免产生生态圈品牌垮塌。

生态圈其实并不是一个新鲜的命题，它不需要打破一切已有的方法论来建立新的方法论，而是应该在原有的管理上进行改良和创新。品牌架构虽然是一套传统的方法论，但是在生态圈中依旧能够发挥巨大的价值，影响管理者管理众多新品牌的思路。

11

从繁到盛：生态圈的持续生长

当我们想让自己搭建的生态圈可持续时，就会考虑这样的问题：它要如何完成持续运转？它能否构建出自我循环的系统？

生态圈的发展是一个动态的过程，也是缓慢生长的过程。就像植物的生长一样，播种、生根、发芽、开枝、散叶、开花、结果，不可能一蹴而就。

与植物生长轨迹相似，生态圈的发展也有自己的循环。植物花开花落，在春夏繁茂与秋冬贫瘠间轮回，生态圈的发展则是持续壮大的过程，抑或根据市场变化、需求不同来逐渐调整适应的过程。

雷神：变化是为了满足持续发展的需求

不少人认为做品牌是大企业的事，小企业没必要做；还有人认为做品牌需要大量的资金与时间投入，小企业也做不成。其实不然，就像每个人要形成自己独特的个人魅力一样，每家企业也应该有自己的品牌方向。

但是，市场需求千变万化，品牌方向也需要根据市场需求及时调整。雷神科技创立于2014年，是一家致力于游戏装备研究开发的互联网公司，其产品线涵盖游戏笔记本，及游戏鼠标、键盘、耳机、座椅、VR虚拟现实眼镜等硬件周边，并且以硬件为入口，如今在软件和竞技文化等领域也开发了游戏浏览器、视频分享平台神游网等，甚至进军电竞领域——职业战队、美女主播、陪玩平台。雷神的口号是："雷神，只为游戏而生！"

在此我们梳理一下雷神品牌的生态圈建设路径。最初，雷神专做游戏专用笔记本。当时，市面上缺少一款专门用于玩电子游戏的笔记本，尤其是对于高端用户来说，这已经是亟待解决的痛点。为了解决这一问题，雷神从用户痛点出发，在品牌创立之前就有意识地研究了市面上用户对各类笔记本的抱怨。当时，他们收集了京东商城接近三万条用户体验评价，花了两天多时间归纳整理，发现用户对游戏笔记本的抱怨基本集中在性能上。这让雷神团队在品牌建立之初就有了方向——提高产品性能。这不是外观不够好看，也不是对便携性能的要求。

以雷神游戏笔记本为核心品牌，创始团队又丰富了其产品线，游戏台式机、VR 眼镜纷纷上线。自此，雷神品牌建立起了以电子竞技游戏产品为主要产品线的生态圈，这是雷神品牌生态圈打造的第一次变化。

待产品与品牌聚集了一定的粉丝后，雷神团队逐渐切入游戏电竞产业。这时的国内电子竞技游戏市场已经发生了改变，即用户从最初的硬件需求，衍生为进一步升级的软性服务需求，包括游戏主播、电竞赛事，甚至电竞培训。基于这种改变，雷神团队做出了针对性的拓展：建立了两支电子竞技舰队，一支主攻《魔兽争霸》游戏（DOTA），另一只主攻《英雄联盟》游戏（LOL）。这是雷神品牌生态圈打造的第二次变化。

第三次变化是融合成为一个游戏玩家的一站式服务平台。雷神团队打造了能实现游戏分发、游戏媒体、游戏社交、游戏视频一体化的神游 TV 平台。做出如此举动，是由于雷神团队为了能与粉丝用户有更频繁密切的交集，说到底，也是从市场需求出发——社群经济如今成为新风尚。

消费者的购买习惯和使用习惯在不断变化，雷神团队敏锐地捕捉到了，这也正是其品牌名称的来源。前面我们提到，名称是构成品牌的重要元素，“雷神”这个名字别出心裁，表明将会用最快的速度满足消费者最新的需求。所以，无论是在硬件还是软件服务平台方面，其产品更新迭代均十分迅速。正如雷神产品经理所说，“这个品牌的成功其实来源于市场用户”。

未来怎么走，雷神团队肯定有自己的考量，继续根据市场变化做出决策。但可以肯定的是，雷神生态圈肯定还会不断变化。

海尔：变中亦有坚守

当然，市场持续变动，生态圈持续发展，但有些东西却是品牌必须坚守的。对中国驰名商标海尔来说，这个不变的元素便是“真诚”和“高品质”。质量战略是海尔建立品牌生态圈自始至终都在坚持的法则。

我们且先将海尔的生态圈建立分为这样几个步骤：

（1）品牌建立。1991 年青岛电冰箱总厂组建松散型集团，1993 年更名为海尔集团。

（2）品牌多元化。1995 年，兼并青岛红星电器，生产海尔牌洗衣机；1996 年进入黑色家电行业，开始生产海尔电视机；1997 年以后，快速进入多个领域，品牌实现多元化。

（3）品牌的延伸与虚化。海尔品牌成为高质量、服务好、综合家电的代名词。

（4）品牌国际化。2000 年以后，营业收入超过 602 亿元。

贯穿始终的是海尔品牌的核心价值——“真诚”和“高品质”。生态圈建设近 20 年，集团经营者张瑞敏一直坚守于此。

1985 年，张瑞敏刚到海尔，在车间巡视时发现了 76 台有质量缺陷的冰箱。他把职工都叫了过去，告诉他们，冰箱要全部砸掉，因为有缺陷的产品就是废品。这个砸冰箱的故事流传至今，成为海尔做“高品质”决心的佳话。

1988 年，海尔获得中国冰箱产业历史上第一枚质量金牌。1990 年，海尔将自己生产的 4 台冰箱和当时以高品质享誉全球的德国冰箱放在一起。商标全部撕掉后，经销商们开始辨认哪台是海尔的，哪台是德国的，结果没发现任何区别。德国人听到后，纷纷向海尔下订单。“高品质”成为消费者眼中的海尔品牌形象。

随着市场的饱和与科技的发展，海尔的“高品质”逐渐演化成“高科技”。1998年，海尔空调向欧洲输出变频技术，这标志着海尔已经掌握了空白领域的高科技研究成果。随后，海尔成为第一个推出烘干型滚筒洗衣机、数字化彩电、防辐射手机等高科技产品的国内品牌。“高科技”形象深入人心。

关于“真诚”，海尔有句名言——“用户永远是对的”，还有一句——“海尔，真诚到永远”，而能为此提供佐证的故事就更多了。海尔送货员毛宗良送货时因出租车被查，毅然背起洗衣机走了两千米，最后把货送到了消费者家里。

“真诚”还体现在海尔的人性化设计方面。为切实解决用户难题，海尔曾举行“用户难题奖”颁奖大会，鼓励用户将自己使用海尔产品时遇到的不够人性化的设计反馈给公司，从而使问题得到更好的解决。1998年10月28日举行的海尔第一届“用户难题奖”颁奖大会上，5位用户成为第一批获奖者。

“创新科技，立信百年”的品牌理念，在海尔生态圈的建设过程中始终熠熠生辉。

生态：变与不变的选择

前面我们谈到了生态圈的变与不变，需要注意的是，生态圈中的变是因为生态战略是一种持续的发展战略，该战略的变量因素来自外部的市场变化、行业竞争变化、技术创新变化以及内部物种的发育，这决定了生态战略需要处在不断应变之中。

作为企业，如何驾驭这种生态圈的变化呢？识别变化就成了第一要务，无论是生态圈的构建者还是参与者，都需要有敏锐地发掘引起变化的关键要素的能力，并持续跟踪，从而制定调整路径，以匹配变化或降低变动引发的负面效应。

第二是需要理性地探索未知。颠覆从来都不是没有一丝痕迹就马上发生的，就算是一次突如其来的地震、一场陡然而至的暴雨，在来临前都会释放出蛛丝马迹。但未知对企业来说却不是一个友好的词汇，因为它意味着不那么明确的收益，这种不明确可能会直接损害企业的经营。但是因为这样，就要放弃未知了吗？

企业需要理智地看待这件事，通常情况下企业都会基于发生的变量来调整自己的经营状态，但同时也会兼顾未来的发展趋势。趋势不明朗之前，选择吃螃蟹的人永远都是少数，但现代商业环境下，一旦趋势明朗，资源就会向具备先发优势的头部企业聚拢，从而迅速完成竞争阶梯占位。

因此，在实际经营中，需要企业敏锐大胆地发掘判断趋势，谨慎切实论证，通过小规模试验探索并试用，理智地看待未来的变革，引导生态圈积极进行调整参与，从而避免被整体淘汰或颠覆的结局。

生态圈在求变的同时也要保持不变。求变是更好地匹配外部环境，不变则是更稳定地巩固认知。这种认知分为两面，一面是对外要保持品牌的稳定性，因为品牌连接着消费者对生态圈整体形象的认知，关联着是否能直接变现、产生溢价等切实的利润来源。因此在变的过程中，我们要明确地分辨出在品牌层面引发混淆的要素，并将其剔除，从而守住品牌在消费者中的心智占位。

在实际操作过程中会存在业务变化引起的品牌变化，这时就要小心谨慎地去调整品牌和业务的关系。例如一家聚焦木窗的企业因为细分市场过度狭窄而制约了发展，而想要将触角延伸至家用门等领域时，可能出现因消费者心目中品牌形象太过鲜明而引发认知冲突的情况。企业这时要做的是要么建设独立的品牌，为新品类设置新品牌，要么加大原有品牌的宽度，从木窗第一走向门窗系统解决方案提供者。但两者都需要在提升中注意保留不变的关键要素，即让消费者对原品牌中不受品牌限制的核心认知——质量、静音、密封等同样适应于新品类。

不变的除了品牌还有价值观，价值观是引导生态圈发展的软约束条件，是解决问题的准则。价值观一旦产生变化，就会引发信任危机。生态圈中的参与者众多，信任是建立成功互动的基础，当基础荡然无存时，矛盾冲突会加剧，甚至引发生态圈的剧烈动荡，导致生态圈中的物种凋敝。当道不同不相为谋时，生态圈也就不复存在。

第4篇

未来：用户和品牌的进化形态趋势

FISSION
Compulsory Course of Future Brand

如果品牌的塑造以10年为跨度，我们可以看到随着经济的发展，中国的市场、品牌经历了多么大的颠覆和发展：

50年前，无品牌。

在计划经济的环境下，人们手持粮票、布票，物资匮乏，需求停留在马斯洛需求层次模型中的底层，以吃饱穿暖为主要诉求。在大众消费阶层，品牌并没有生长的土壤。

40年前，品牌蹒跚起步。

党的十一届三中全会打开了市场的大门，品牌之路复苏，在历史性时刻的一年后，一代人见证了第一条电视广告——参桂补酒，见证了国产品牌幸福可乐的崛起与陨落。

30年前，外资品牌进入中国，国产品牌兴起。

索尼、肯德基、宝洁等国外品牌抢滩登陆中国，掀起了外资品牌进入中国的狂潮，与此同时国内品牌不断精进，裕华电扇远销海外。

20年前，广告大投入换来大品牌。

国内互联网开始兴起，京东、搜狐、腾讯纷纷成立，通过央视标王成长起来的大品牌纷纷席卷全国，各自演绎着辉煌、没落。国外品牌不断发力，抢占心智份额，“卖牌合资”成为国产品牌的“绝路”。

10年前，品牌不再是单一的名字，而是企业的生死线。

物资极大丰富，品牌已经成为争夺市场的利器，在老字号品牌重建的同时，新的品牌也对市场产生巨大的震荡作用，三鹿的负面事件影响了整个国产乳业，品牌成为企业的生死线。

现在，新模式带动新品牌井喷发展，大而全和小而美并行竞争。

如今，全球第一的网民数量助推了无数品牌的成长，从量到质的消费诉求变迁使得各种各样的品牌在不同的渠道崭露头角，新模式新思路推动着新需求的涌现，品牌拥有巨大的机会，也面临激烈的竞争，伴随白热化的厮杀，用户需求逐渐成为品牌发展的核心。

10年后呢？我们的品牌又会发展成怎样？

12

裂变：十年后的品牌进化趋势

十年后的品牌是什么样？

是技术、连接和关系而主导的品牌裂变。

不得不说互联网颠覆了许多商业逻辑，因为它打破了时间隔离、地域隔离等商业上的种种桎梏。但也要看到，时下很多所谓的创新，不过是商业模式上的创新，而非技术上的真正创新。在互联网的下半场，如果没有技术上的创新，就意味着依旧在原技术的基础上进行以流量、入口为核心的服务和价值的存量竞争，而这样的增长空间会因为技术的止步不前被锁死。

1965 年，戈登 · 摩尔（Gordon Moore）提出了计算机第一定律——摩尔定律，即当价格不变时，集成电路上可容纳元器件的数目，每隔 18 ～ 24 个月便会增加一倍，性能也将提升一倍。

这条定律对科技发展提出了大胆的预期，正是因为芯片处理能力的指数级爆发，才有了建立互联网、智能手机等新模式的基础，而所有的繁荣都高度依赖底层技术的发展。

如今常听到这样的声音：摩尔定律失效了。这样的“被失效”建立在传统认知之上的相对物理极限。因为芯片上的几何元件不可能无限制地缩小，只有技术不断创新才能打破极限，而底层技术的创新是需要时间和巨大的投入的。但新技术的突破不应局限于底层技术，还应包括底层技术上的硬件技术、操作系统、算法、数据的种种突破，此类突破会进一步改变我们的生活，例如 VR。

VR 技术问世最初只运用在电影行业与电子游戏行业，如今 VR 技术有了更广阔的应用空间，正逐步融入现实生活的方方面面。

（1）VR+ 零售——让你“剁手”停不下来的虚拟购物。阿里巴巴的 Buy+ 项目让消费者坐在家里就能完成挑选、试衣、换衣、支付等各个环节。

（2）VR+ 医疗。利用 VR 技术，人们建立虚拟的人体模型，再借助跟踪球、感觉手套等多种配套道具，便可以对虚拟人体模型进行手术，从而了解人体内部各器官的结构，并且观察手术过程。在真实医疗场景中，VR 技术也已经取得了一些成绩。

（3）VR+ 演唱会。如今狂热粉丝可以带着 VR 设备享受一场饕餮音乐盛宴，2016 年的王菲演唱会就实现了这一点。

（4）VR+ 办公。员工身处一个模拟的工作场合，远程处理公文，与同事自由地沟通交谈。

（5）VR+ 体育。你戴着眼镜，站在自家的客厅，双手举着向前、向后、向上、向下，向左、向右，自由地朝六个方向大幅挥动，就像站在伦敦温布尔登球场一样，真实无比。

（6）VR+ 旅游。坐在房间便能参观大英博物馆，欣赏达·芬奇的《蒙娜丽莎》，游览法国巴黎的埃菲尔铁塔，看整点的焰火表演，宛如身临其境。

以上种种都无须进入真实的世界。但所有这一切，都由你自己主宰。虚拟世界并非必须是虚拟的，也可以很真实。

互联网是这样，传统行业也是这样，默默无闻的迈瑞医疗在细分的医疗器械领域，在监测、超声、IVD 中取得了不俗的成绩，而这样的成绩就是基于技术的研发突破。

一个品牌想要长久发展，必须最终能够解决社会级别、产业级别、行业级别、消费者的痛点。但技术有了创造性的突破就是未来了吗？不，技术需要连接，其连接的对象是产业、行业、消费者。如果一个技术不能成功应用于产业、行业，不能提升实际的生产效率，不能解决需求痛点，则意味着该技术在商业化上不成熟。

显然，一项创新技术如果是民用技术，则应该与价值链连接起来，去改变、重塑甚至是开创一个行业。

2016 年被称为 VR 元年、VR 产品消费年，我国互联网公司也开始纷纷布局 VR 行业，阿里巴巴宣布成立 VR 实验室，腾讯公开 VR 计划，全球的互联网巨头都加入了这场争夺大战。2017 年则看到许多 VR 泡沫的说法，显然 VR 技术的商业化目前没有与产业、行业深度连接。但随着 VR 技术的发展普及，这种情况在逐渐改变。

首先是 ACG 行业，VR 为其提供了视听深度沉浸的解决方案，虽受制于内容的稀缺性还没有迎来爆发，但目前投融资结构已经从硬件退烧，流向了应用及软件制作。在 VR 没有诞生之前，新的生产形式及内容形式完全不可想象。

其次是一些垂直细分领域，如建筑、设计、教育、零售等，我们相信随着市场配套进一步的垂直发展，当 VR 切实地解决了行业中的痛点，提升了行业效率，真正做到与产业、行业连接时，将催生更加繁荣而持久的 VR 产业，完成 VR 技术之树在各个细分行业中的裂变。

还有一个关键词是品牌关系。

已经可以看到的是，互联网从诞生之初至今，流量是多年不变的核心，无论是当年捆绑电驴下载的 YOK 搜索，还是目前大火的今日头条，都是在通过不同的渠道和内容来紧密捆绑流量。

除了互联网的原生巨头，搭借着互联网 + 的传统企业，也在拼命争抢流量，比如家居建材领域的流量跃迁——从 20 世纪 80 年代的马路游击队到全屋定制。

无论是新兴行业还是传统行业，抢夺流量的最终目标都是一场变现的生意，而变现最后一道环节的武器就是品牌关系。

短视频行业的第一个王者无疑是快手，但这个品牌在诞生初期却带着鲜明的烙印，以“农村包围城市”的路线获得了规模用户的同时，也将低俗变成了自己的品牌标签，就算后来投入了大量的营销费用，赞助了诸多国民级的综艺节目，这种品牌的改变也来得漫长而缓慢。但它的对手抖音借助今日头条的品牌调性和品牌覆盖人群，快速吸纳了快手想要覆盖却难以覆盖的人群。

品牌虽然不是一个公司的全部，但却是与消费者连接纽带中的最后一环，要做到持续性发展及变现，品牌的力量不容小觑。无论对企业级的服务商，还是个人级别的消费服务商来说，在影响需求的最终的决策依据中，品牌的推动力无疑是巨大而具有决定性的。

因为在未来，品牌不仅是一套视觉设计、一个定位，还是一种关系。传统企业灌输式的生硬的品牌形式已经转变为以需求为核心的互动关系，即在满足消费者需求的基础上，建立一种强黏性的关系，并最终促成品牌的裂变。

口袋咖啡馆就将这种关系做到了极致。很多品牌想要打开社交关系这个重要的流量引入口，但却没成功，就连具备体量、资金和实力的支付宝也曾在社交属性上折戟沉沙。口袋咖啡馆却基于微信小程序，在一夜之间利用社交关系开出了 52 万家咖啡馆，完成了品牌的巨大裂变。

口袋咖啡馆是隶属于连咖啡旗下的品牌，连咖啡初期的业务以为星巴克、COSTA 等咖啡提供外送服务为主。受到饿了么、美团等外卖平台的冲击后，开始转型商业模式，从提供配送服务延伸至上游自建品牌，做社群营销，其中两个营销举动直接促成了连咖啡的品牌裂变。

2018 年，朋友圈出现了连咖啡福袋，可以三人拼团以十几元的价格购买原价三十多元的咖啡，用户拼到之后将其存储到自己的咖啡库中，随时想喝随时下单，提前锁定了订单。这样的成功来自社交传播的裂变，利用微信生态以邀请、参团、分享三大杠杆撬动了微信的长尾效应。

2018 年 8 月，连咖啡又升级了玩法，公众号“连咖啡微服务”推文《你想开家咖啡馆吗？好！我送你！》，邀请用户在小程序上开一家属于自己的口袋咖啡馆，上线首日页面浏览量超过 420 万，累计开出咖啡馆超过 52 万个。

口袋咖啡馆通过品牌 + 游戏的手段，将裂变做到了极致，用户可以开一间属于自己的线上咖啡馆，每个咖啡馆有 5 个 SKU，分享朋友圈通过点赞或购买，参与网红指数评比，官方除给予产品折扣作为助推，还设置限时折扣提升成单率，让用户体验经营的乐趣。目前口袋咖啡馆与一些名人达成了开店意向，可想而知未来其将通过粉丝圈层释放巨大的购买潜力。

连咖啡成长的核心就是通过用户的社交关系进行裂变，第一阶段通过拼团、分享等手段完成裂变，第二阶段则通过品牌 + 游戏的方式，完成更大范围的裂变。连咖啡的裂变，首先在于其处理好了与用户之间的品牌关系，通过产品的打磨与产品的社群营销建立品牌认知及品牌黏性；接着通过游戏＋的手段，让用户与品牌成为一体，参与到品牌的经营中来，为品牌开放自己的社交关系，并最终促成连咖啡52万家咖啡馆的裂变。

在未来，连咖啡的裂变式发展不会是偶然，能够更好地处理与消费者关系的品牌，更容易完成这种裂变式的发展。

另一个鲜明的例子是拼多多。

在三年的时间中，拼多多从默默无闻发展到成功上市。当我们试图去解开拼多多的秘密时，发现裂变是它的成长关键词。

外界有不少声音认为拼多多的崛起是因为借助了其股东方腾讯的有利条件，在微信中进行了优惠推广。实际上京东、艺龙等获得了同等条件的平台却没有完成拼多多这样迅速的裂变积累。值得注意的是，在早期拼多多的用户积累就非常迅速。

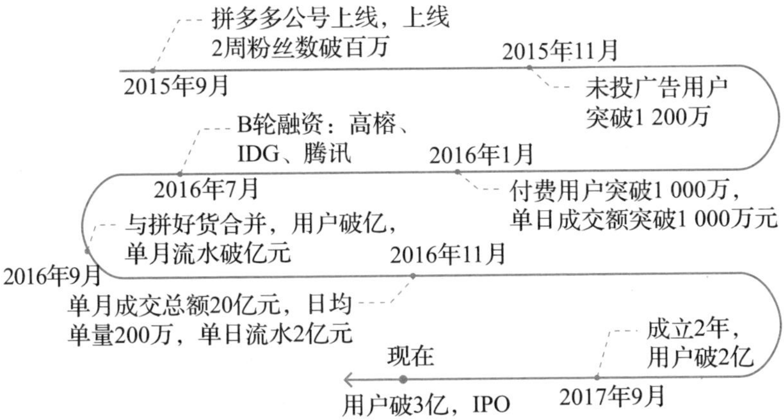

为什么？

（1）主流视野之外的需求蓝海。改革开放至今，伴随着钱包的充盈，消费开始升级。机构通过年收入将消费者划分为富裕、中产、贫困层级时，商家和媒体的眼光就投向了前两者，仿佛奢侈品、有机食品、出国游等这样的升级才是消费升级。

实际上，从没有电视机到有山寨电视机，也是一种消费升级。那些被阿里和京东平台抛弃的以山寨起家的商家在全网游荡了许久后，迎来了拼多多，而那些同样被大平台科普过网购流程却又难以接受其价格的人也迎来了拼多多。随着手机上网的普及和物流的发展，这样集中的爆发引发了争议：这也算消费升级？当然是的。这也从侧面印证了淘宝和拼多多的不同：淘宝的用户是直接搜索，按销量评价来选购；而拼多多的用户是直接从秒杀、清仓、特价等商品领域来选购。

（2）拼团还是有效手段。拼多多品牌被贯彻落地最彻底的就是一个“拼”字。拼稀奇吗？并不，当年团购大战的核心也是一个“拼”，淘宝至今还有“聚划算”的活动，也是“拼”，那为什么拼多多的拼比其他的拼更有效果？

相较于团购和聚划算之类的活动，拼多多的拼在于降低了拼的门槛，提高了用户的自发性。在聚划算或团购活动中，用户只负责为个人意愿买单，与其他拼单的人并没有建立关系，从其心理上说，只是在某个时段享受打折而已。

但拼多多的拼团带有主动性，在参与别人拼团的基础上发展了一键拼单来创建拼团，基于购买欲而形成了隐性的责任感：

我需要拉满三个人来享受折扣，我要把便宜的、不错的东西分享给朋友……也就使得其自然而然地在用户的社交体系中形成自发的推广，这种裂变是熟人与熟人之间带有社交性质的用户裂变，通常不会被新用户拒绝。当新用户为了帮别人拼团而下载拼多多时，拼多多就以极低的成本完成了获客，甚至可以不受任何人群划分的因素干扰，不论十八还是八十，无论有钱还是没钱，都成为自发推广的目标。

（3）高频产品，高频娱乐。拼多多的产品类目中，销量第一名是食品，其中又以休闲食品的销量最为出色。相比服装之于淘宝、3C 产品之于京东而言，食品给拼多多带来的是高频的使用和用户低门槛的尝试。

一旦用户尝试进入拼多多，就进入了带有娱乐色彩的 App 体验：现金签到、砍价免费拿、品牌清仓……穿插的这些运营手段与游戏手段雷同：签到打卡、1 元礼包……而存在于购买过程中的游戏化运营手段还有很多：拉新领取礼品、分享好友帮忙拆红包等，在分享的同时充分利用了用户的社交关系低成本获客，然后在新用户身上重新重复一遍拉新推介的过程，并利用现金签到等手段拉长用户的活跃周期，就算用户不愿意购买，其现金签到的积累也够买一份便宜的商品，进行免费体验了。

未来需求的解决方向：整合共融

在大背景下，互联网在变，技术在变，大众的需求也在变。

越来越多的互联网公司打出“一站式平台”的口号，即号称一旦进入某个服务站点，所有的相关问题都可以解决，旨在满足消费者日益增长的更加多元化的需求。

在互联网金融领域，投资分析软件股吧能够帮助客户做投资组合。初期，股吧的定位是为有投资需求与投资能力的一群中产阶层提供股票投资分期。中后期，这个网上交易平台开始提供与股票金融投资相关性很高的其他一系列服务，比如证券的开户和交易、基金筛选和买卖等。显然，股吧打造了互联网金融一站式服务平台。

互联网装修平台也是一站式服务的典型代表。新的时代，用户对于装修有了更高的需求。首先，业主要看到优秀的设计师作品；接着，进入设计师的工作室；然后，与设计师取得直接联系，咨询解惑；最后，预约设计师。听起来，这需要消费者跑上跑下才能实现，然而现在，一款好的互联网 + 装修平台就能一站式解决上述所有问题，还能不断推出新的增值服务，提供完美的解决方案。

恒大和腾讯两大巨头联手打造了全国顶级的互联网社区服务平台，向社区居民提供“包括物业服务、增值服务、社区活动在内的线上线下一站式服务，构建新型‘互联网 + 社区服务’生态圈”。腾讯创始人马化腾曾说：如果要让互联网走向平民百姓，一定要降低它的使用门槛，用户使用互联网不必具备一定的计算机水平，而要像家电一样，非常简单地就能使用。这样一种整合的、简化的、降低门槛的网络服务，就是一站式的在线生活。

时至今日，恒腾网络已经成为港股中的话题股。通过战略发展方向调整，恒腾的互联网社区服务业务将重点发展互联网家居板块，也将利用其线上平台积极拓展互联网材料物流业务，此外它还拟持续通过不同方式积极探索及发展新业务模式。2018 年恒腾净利润大增，主要得益于互联网社区家居业务的迅猛发展——家居业务服务的社区数量大幅增长，以及新发展的互联网材料物流业务的成长。

通过分析如此商业模式背后的商业逻辑，我们应该深有启发。利用互联网的平台，为用户提供相关性较高的一站式服务，满足消费者的多元化需求，从而赢得用户，形成新的生态。

新未来由需求引导

有些互联网公司甚至开始自己创造新的用户需求。

美国知名在线工作社交平台领英（LinkedIn），通过支持用户在平台寻找好友同事并建立链接，鼓励用户发布动态，满足了职场人士相互关注认识、相互交流的需求，也形成了其品牌生态圈。除此之外，领英还看到了用户的隐藏需求——通过平台交换商业资源，达成商业合作。因此，领英平台变成了一个除了可以建立商业社交，还可以实现商业变现的社区，创造了新的用户需求。

这让不少人想到了乔布斯，他的产品和设计从来都不是迎合需求，而是创造需求。乔布斯是如何发明 iPad 的？那时人人都习惯于用键盘，乔布斯却对键盘恨得牙痒痒："因为这个该死的键盘，我的电脑实在塞不进兜里"。有了这样与众不同的痛点（实际上是大众还没有发现的痛点），是不是可以发明一种没有键盘的电脑？于是，笔记本被一分为二，平板电脑出现了。

到了互联网时代，世界的变化更快速，这种新的需求便成了引领消费者的重要因素。马云在乌镇世界互联网大会闭幕式上的演讲中说道：技术变革会引来许多不满和混乱，互联网将创造用户的新需求。

正是因为消费者需求越来越多元化，我们需要重新定位消费者，构建消费领域的新秩序。

未来十年，传统品牌消费群体将被快速打散，技术革命将消费者快速分流。还记得我们在第 1 章提出生态品牌这一概念时介绍的新品牌时代吗？品牌建设及传播的环境已经发生了变化。其中最显著的特征是，消费者出现更精细的群体划分，原有的传统品牌消费群体被打散成为各个封闭的圈层、社群。一方面，互联网打破了地域局限，以地域坐标为消费群体划分标准的格局被打破。换言之，互联网为圈层和社群的诞生提供了技术基础——对同一件产品的喜爱成为社群建立的主要因素，地域差异将不再形成障碍。另一方面，逐渐成为消费主力的 80 后、90 后群体，在物质生活上不断丰富，更看重精神需求，更注重精神交流，进而产生内部沟通，形成新的生态社群。

我们已经分析了如何将生态品牌做成圈子。放眼未来，品牌模式又会有怎样的发展与变化？打造能够经受时间考验的生态品牌，有没有技巧？怎样掌握未来的品牌方向呢？

我们认为：森林与蜂巢将成为未来社会的品牌新模式。

森林与蜂巢：未来社会的品牌新模式

森林这类生态通常从战略布局的高度来确定生态圈的一级物种，并进行培育。森林模式适用于对非相关多元化经营模式掌控较强的集团型企业，它们多以资本手段来完成布局，能够在短时间内号召众多的参与者，完成生态圈的建设。而生态圈的运营方可以通过选择性地控制一些关键活动来管理生态圈。但这样的生态有自己的弱点，生态中连接的节点过多，如果控制不当，一级物种的势能还没有建立就对外释放，会造成对自身的削弱。在这样的生态中，要注意为每个节点提供充足的血液。

另一种新品牌模式则是蜂巢。蜂巢这类生态通常由已经具备强势品牌势能的品牌或企业来主导。影响力巨大的品牌就是蜂王，其他的参与者则分工明确。这种生态圈因为核心品牌具有压倒性的影响力，所以协调性强，运营难度低，网络效率高，生态圈的运营方对生态圈有决定性的掌控能力。但这样的生态也有自己的弱点，就是其他的参与者对核心品牌的依赖程度高，一旦核心品牌出现垮塌，生态圈也会跟着垮塌。

那么，打造森林与蜂巢品牌生态系统需要注意什么？

对森林这一类的品牌生态来说，在初期发展中，其主导者要进行规模控制，在业务节点做到拥有垄断性优势、品牌势能稳固后，再进行输出扩张，并且要在多个一级物种之间形成协同性，缺少协同性会造成风险过高、价值输出断裂、各物种单打独斗的后果。这是打造森林式生态系统的前提。

在整个生态圈建设落地的过程中，主导者可以不具备极大的影响力以做到面面俱到，而只是主导关键节点，但应该匹配强有力的品牌战略规划能力和品牌价值调动能力。主导者首先要有强有力的信息掌控能力，这种能力表现为对产业、市场、生态圈参与者以及生态圈运营情况的掌控。对品牌而言，来自市场、消费者的信息尤其重要。通常情况下主导者会建立平台，提供信息交流、结算的桥梁，而可量化的数据能够让主导者知道生态圈的进化方案是否可行有效，并监测生态圈中企业的品牌成长情况。

再者，主导者需要有品牌战略规划能力，其中就包含创新能力。品牌战略是以品牌为核心建立的一套深刻关联了商业模式的战略模式，并以品牌势能为核心进行，能够协调生态圈的参与者一同在品牌战略的框架下寻求新发展。在该过程中，主导者必须建立一套与品牌战略匹配的组织形式，依靠灵活的组织形式打破原有的企业边界、部门边界，减少冲突，增加对接效率，充分利用资源。

最后，主导者自身需要不断进化，强化其在生态圈中的价值和作用，与参与者共同演化，在新的市场中占据主动权，大方地释放生态圈的价值，同时保有生态圈核心竞争力不外移。

蜂巢式的品牌生态系统在建设过程中，因为节点稳固，很可能发展速度较慢。并且由于品牌势能过于强势，生态圈中往往只能存在一个主导者。这都是需要攻克的难题。

如何打造蜂巢品牌生态模式中的品牌势能呢？

首先，要具备最不可或缺的核心品牌。核心品牌是以某一产品或某一服务打透消费者的品牌，已经在消费者心目中建立了良好、有影响力的形象，横向进行产品拓展时以该形象背书，是品牌的降维打击，从市场地理空间上说，一线城市的品牌向二三线甚至四五线城市拓展时，具有天然的优势；从市场容量上说，核心品牌通常是具有知名度的品牌，在新兴市场进行拓展时更容易对其他新兴品牌造成威胁，迅速地争夺市场份额。

其次，品牌生态圈的打造者必须把握价值变现的渠道。这种变现渠道分为两种：一种是传统意义上的渠道，一种是生态意义上的渠道（平台、生态圈）。在传统意义上，价值链通常是生产、销售、盈利这样递进的模式，但在互联网时代，平台的优势必须充分发挥出来。比如，巨商汇就利用互联网+的思维对传统的渠道分销模式进行颠覆和重构，将互联网的思维与传统的分销模式结合，把互联网的思维与创新的模式融入行业的销售、营销、客户服务、网格管理以及供应链金融等方面。再如腾讯，它的生态系统就是一种基于共生性的开放平台生态——通过基础设施的分享、能力的共用，形成应用的共赢机制。

再次，传统的企业管理方式显然不能满足一个品牌生态圈的发展，要想真正做到生态，就必须由内至外地进行裂变。在这个越来越注重战略业务单元（SBU，指公司中的一个单位或者职能单元）的时代，如何发挥每一个单元的创造力，是选择对外扩张还是对内创业，这些都是在打造平台前需要自问的。对待创业者，海尔就展现出了既严厉又宽松的一面。一方面，海尔让员工时刻充满危机意识，给集团内部的创业者设计对赌机制、强制跟投等项目，以行业引领目标为标杆，达不到引领目标，要么换领导，要么直接撤换项目；同时，海尔完全下放决策权、用人权、分配权，驱动小微自演进升级，不限制创业团队的自由发展。

又次，要关注一个品牌的延展性。在互联网时代，定位理论已经被颠覆，品牌不再是品类的代名词，而是指商业生态圈。苹果可能出品汽车，小米也已经在各个领域全面开花。围绕生态圈搭建的品牌呈现出的是一种价值理念，而非简单的产品输出。在互联网 + 的意识下基于生态圈的品牌建设，让品牌有了更强的延展性、更强的盈利能力、更强的应对品牌危机和品牌老化的能力。

关于延展性，我们可以从乐视和小米两个多元品牌身上进行分析。在乐视生态布局图中我们可以看到，乐视生态是包括终端层、应用层、内容层、平台层四层架构，超级手机、超级电视和超级汽车三核驱动，以及广泛开放接口的闭环生态系统。乐视生态是一个典型的产品型生态，构建产品型生态实际上是有壁垒和要求的，产品必须是具备生态型特质的，能承载终端、应用、内容和平台价值的才能作为生态级产品。而小米的生态图包括两个维度：一个维度是商业模式生态，一个维度是产品链生态。小米生态圈实际上是构建了一个电商平台 + 硬件 + 软件的闭合商业生态，这个生态实际上是一种直销的商业思维，具体运作包括粉丝运营和内容运营；在另外一个维度的产品链中，小米通过资本输出和品牌输出，完成对中国制造中消费电子产品的创新支持。两者结合起来，小米构建了一种类似加盟连锁的品牌共生性生态系统。怀抱着让品牌在各个领域全面开花的相同目的，两个品牌展现出的方式和应用的手段却截然不同。这就反映了一个品牌的核心价值和战略规划。

最后，也是最重要的一点，就是时刻关注与消费者的互动，永远记住品牌就是生产者与消费者共同理念的产物。一个生态品牌决胜的关键就是要制定出产品与用户价值观相关联的策略，这就意味着要把人们在当下被压抑的心理需求呼唤出来，进而让用户产生认同感。生态型品牌从初创就将品牌塑造的重心放在用户端，在坚持某一特定价值观的基础上将品牌交予消费者进行发育和养成，真正将品牌所有权交予消费者，形成品牌生态。

13

未来品牌需要具备什么？

一个好的生态品牌需要具备哪些要素？

首先，它要有可持续的生态网络。生态品牌的创始者只负责创造生态内核，打造早期的生态链，在生态养成过程控制和掌握生态内核的正向裂变。

其次，生态品牌是一种生活方式和独特价值观的全面释放。制定出产品与用户价值观相关联的策略，意味着要把人们在当下被压抑的心理需求呼唤出来，进而让用户产生精神认同感。一个好的品牌应该成为企业与消费者的共同游戏，未来品牌的根本是唤醒可以一同玩耍的小伙伴，形成心理契约。在人人至上的个性化时代，人人至上也推动了组织的多元化以及产品形态的野蛮生长，尊重并利用好多元多层次的亚文化种群是未来企业的重要挑战。

最后，千万不要忘了利用自己的核心优势去扶植自己的子品牌。除了小米，百度也利用自己的技术优势和大平台的特点，将用户吸引到其外卖 App 中。

唯有掌握这三种技能，方能建立真正完美的生态模型！

主导这个生态圈的当然是品牌价值

在这个手机可以搞定一切、网络就是生命的时代，互联网 + 已经成为一种能够改变我们生活的新方式。正因如此，这种新的生活方式连带出的是一种全新的价值取向。一方面，新新人类（80 后、90 后、00 后）身处翻天覆地、日新月异的市场里，他们对品牌的认知和理解是颠覆性的。他们凭着自己的天性、情趣及爱好消费商品、选择服务。他们的选择标准不再局限于产品质量、自我需求、个人适合程度或者是刚性需求等，而是大量地拓展至喜欢与不喜欢、想要与不想要。可以说，他们的消费带着某种粉丝色彩。他们可以仅仅为了自己的喜好、拥护甚至一种虚无缥缈的理念埋单，在他们心中消费态度的表达比使用功能更重要，他们更倾向于能带给他们自我认同感、社交属性，或者是能明确表达出他们思想的产品。

另一方面，越来越多的高收入群体让中国的高端市场逐渐形成。人们不再事事货比三家，也不再全然以性价比为优先标准。在这个时代，人们更注重的是时髦的消费、情感的消费，健康、绿色、方便、时尚成为人们选择产品的新标准。同时，这个产品还必须带给消费者一种认同感，足以让他们发出“没错，我就是这样的人”的感叹，这就是我们所说的品牌社群。事实上，品牌社群早已经超越了我们以前认为的论坛、俱乐部的概念，它更多的是为“建立在使用某一品牌的消费者间的一整套社会关系基础上的、专门化的、非地理意义上的社区”。品牌社群已突破了传统社区意义上的地理区域界限，并以消费者对品牌的情感利益为联系纽带。在品牌社群内，成员们对某一品牌有着相同的特殊感情，认为这种品牌所表现出的气质、个性、形象与他们内心的意识、精神、思想有着天然的契合，从而产生心理上的共鸣。之后再在这种共鸣之上形成组织、框架，然后制定自己的仪式感和规矩，最后形成强大的用户黏性。在这一点上，保时捷绝对是个中好手，这个品牌的论坛、俱乐部、品牌活动都能体现它对品牌社群管理的高度重视。可以说，品牌社群就是现在对品牌价值最佳的传递方式之一。

如今，顾客对品牌已经提出了全新的要求，既不再单单是好用、方便、漂亮、有趣等浅显的表象功能，也不再是良好的售后、物流等体验，而是对品牌的情感、文化、象征意义产生了非常强的依赖。这就意味着，我们过去喜欢使用的品牌形象、品牌定位在未来可能都会成为效用极其微弱的理论。消费者心中的品牌价值已经不仅是建立在其功能性等显性价值上的，而且这些品牌要能激发起购买者的感性化认知、丰富的联想与想象。无论传统企业还是新兴企业，在面对新的市场趋势与新的消费习惯时，最迫切的事情都是重新定义对品牌的认知，重构独有的、不可替代的品牌价值。

而要发掘这种新的品牌价值，就必须对核心消费群体有非常准确的认知和定位。比如，知名运动鞋品牌 New Balance 的品牌理念就是坚持出品多宽度、多高度的鞋型：这是针对人性出发的设计，也是最基本的关怀，带给每一位消费者最舒适贴合的鞋型。它甚至从来不与运动明星签约。因为适合明星的鞋，不一定适合大部分消费者，所以 New Balance 将费用投入在产品的研发上，以提高产品质量、增加顾客满意为目标。它相信鞋子就是最好的代言人，这种霸气就非常贴合新一代年轻人的特质，那种敢爱敢恨的无畏气质，都正中新一代雅痞年轻人的价值观。可以说，拥有独特的核心价值，然后用这种价值去寻找自己的用户群，理解自己的用户群，吸引自己的用户群，才更容易与消费者产生共鸣，从而赢得拥护，赢得他们的消费力。

露出端口的建设，要关注起来

做生态品牌绝对不能单纯地从产品、广告的角度出发，全方位的理念告诉我们，任何时候都不能忽视多元化的全渠道入口。在过去，消费者发现、了解一个品牌的渠道入口可能只有商店，或者是一些媒体上的广告，比如报纸、杂志、电视等，但现在这些日渐式微，真正开始走上历史舞台的是互联网。

现在是移动互联网带来全渠道入口的经济时代，消费者最常接触到的点，都可以成为品牌宣传的入口，从手机、电脑、二维码到各种线下实体门店、电商平台、社交平台、社交网络、户外媒体、应用软件、智能穿戴设备、交通工具等，只要是能看见的、能想到的、真实存在的，都可能成为品牌宣传的载体。当然，也不是所有的企业都有能力布局全渠道入口。在品牌管理的过程中，我们还是应该花更大的力气去了解顾客会在哪个地方发现这个品牌。消费者每天接触多个媒体的机会在不断增加，消费者与媒体接触的时间极度分散，互联网媒体以及新兴媒体吸引了消费者大量的关注。主要目标消费群更有可能从哪个入口进来？渠道入口的组合与连接模式是否适合企业？这些问题都值得品牌管理人员深思。只有做好端口，才能让品牌跟消费者可以无时间、无空间、无地域限制地交流与互动。

平台规划十分重要

这是一个消费无孔不入的时代，也是一个只有真实体验才能引发消费欲望的时代。我们拿现在流行的上课 App 做案例。一位消费者在手机上用应用软件预约老师晚上 7 点上英文课，那么在上课前后他都能得到许多额外的产品。比如上课前，他可以查看各种学习资料，跟同学在线聊天，甚至买书看教材等；课间休息，他可以到网上商城购物，看相关新闻或者笑话，还能打打游戏、吐吐槽；他在上课时也可以随心所欲，可以躺着、坐着、站着、走着……就是如此，根据学习时间、地点、人物、事件、连接方式的不同，这位消费者的学习场景组合还可以融入很多行为，这就是巨大的商业机会，App 的设计者甚至可以把跟学习有关的产业、产品或服务都纳入这款应用软件平台，从而把这个消费者的学习过程打包成一个完美的消费包、一个组合产品。这些产品涉及定位功能、社交功能、游戏功能、学习功能、购物功能、评价功能等，经过优化组合搭配，最终呈现出来的是可以满足消费者物质需求、精神需求、情感需求的多元化产品。在这个平台经济时代，基于丰富多样的生活方式、生活场景需要，各个品牌生态圈里的成员也不再是单一的产业或者功能，它们甚至可以跨产业融合，打造新的产品。例如微信，一开始只是一个小小的语音聊天 App，到最后它竟然发展成集支付、社交、交通等于一体的超级应用软件。可以想见，类似基于生活场景、基于平台生态圈需要而诞生并成长起来的品牌也将会越来越多。

要互动，才能产生黏性

不理会反馈的品牌注定石沉大海。为什么现在二维码如此火热呢？主要还是顾客喜欢这种被关注、有互动的感觉。想象一下，你在看一本杂志，这时杂志上出现了一个护肤品品牌的广告，广告的画面和策划都非常吸引人，上面还有一个二维码，拿手机扫一扫就可以进入这个护肤品的网上商城，商城里的产品马上展现在你的面前，甚至还会有客服来提醒你如何购买或者是为你提供其他服务，请你在这里注册会员信息等。第二天，你发现自己收到了短信，上面写着该护肤品的试用品已经寄往你昨天写下的地址，很快你就能体验了。第三天你收到了试用装，拍照片发到了朋友圈，写了微博，还 @ 了这个品牌，品牌最后转发了你的微博……这就是一个消费者与一个品牌的互动。显然，一系列互动下来，这位消费者已经成为这个品牌的忠实用户。

我们可以看到，上述品牌体验是现实、互联网等多个场景联动与黏性维护的结果。在这个时代，在每一个消费者的日常生活中，这样的品牌体验屡见不鲜，比如等车的时候，我们拿着手机就可以玩游戏、订机票、订餐、买东西、学习英语，在各种消费场景间随意转换，看见喜欢的马上买，有问题马上咨询客服。这种品牌认知、体验、消费与维护可以通过及时连接同步进行。

可以说，随着新技术的运用，微信、微博等社交 App、新媒体的不断壮大，消费者对品牌的体验有了更多的参与渠道、连接渠道。如今，任何想法都可以通过技术或多或少地实现，一切连接都有了可能，线上线下打通，多种场景联动可以迅速完成，品牌的宣传不再受时间、空间、渠道的限制，高效率地促成消费再不是梦想。可以说，只有真正做到没有限制地与消费者互动，才能增强品牌管理的价值和质量。

14

乘风破浪，握住品牌之舵的三个方向

最后，我们来大胆预测一下未来品牌的方向。

第一，抓住兴趣。市场和用户的变化，使得以兴趣为基础缔造的品牌出现，这也是未来的品牌方向。

第二，打造品质。品牌商只有了解这些需求背后的真正动机，才能为消费者提供真正“踩上点”的产品。

第三，摒弃渠道。因为互联网崛起、信息源丰富、资源垄断被打破，新的平衡开始建立，过度依赖渠道的品牌将是死路一条。

兴趣是最好的营销

消费者的兴趣指的是对于客观事物特殊的认识倾向。这里强调的是消费者的精神文化需求，而非传统的物质需求。基于此出现了兴趣营销，有人曾为兴趣营销做了这样的注脚："在用兴趣划分个体的时代，也许我们已经进入了一个兴趣经济时代，从一个圈层到另一个圈层，兴趣营销是让企业可以紧跟消费者的有效方式之一。未来的营销就是兴趣，也就是更个体化、个性化的表达。"

如今的兴趣品牌缔造，有几个显著的特征。

以兴趣缔造品牌，KOL 是关键词。我们在前面章节中提到了小米公司 KOL 雷军，小米粉丝对他无限崇拜，有一种"我们都是跟着雷军混"的感觉。在某种程度上，小米就是一个以兴趣为基础缔造的品牌，吸引了一群兴趣相同的科技宅男。

还有很多以兴趣为基础缔造的品牌，都是内容创业。今日头条创始人张一鸣就是一个优秀的兴趣营销人。今日头条在其互联网平台为用户提供了超过 100 万个订阅频道，消费者根据兴趣选择，形成兴趣圈，与其他消费者建立彼此间的联系；而今日头条则可以通过大数据分析，找到精准阅读兴趣数据，形成生态品牌。

第一，消费者的兴趣变化越来越快。几年前在互联网上，一个社会热点可以持续一个月甚至几个月；然而现在，微博热搜每分钟都在刷新。由于各种社会热点掺杂，大众的兴趣点降低了，品牌商将兴趣点做大的难度提高了，竞争日趋激烈。所以，围绕兴趣点建立品牌，后期的品牌维护运营，进一步吸引消费者关注，搭建与消费者的互动渠道，保证消费者兴趣不轻易转移等都十分重要。

第二，出现浅营销的概念。因为消费者的注意力转瞬即逝，越来越多的品牌开始选择用最直白的方式刺激消费者的情感，用最短的时间吸引消费者的注意力，抓住他们的眼球，争取一击即中。2009 年初，澳大利亚大堡礁招聘维护人员，通过互联网打出“世界上最好的工作招聘”的旗号（能欣赏美景，工作时间自由，工作强度也比较低，确实是份美差），从应聘人的兴趣和爱好出发，寻找他们的共同点，取得关注。

第三，兴趣是最好的精准营销。以兴趣为基础缔造的品牌受众可以形成封闭社群。在这个社群中，人们拥有相同的精神文化需求，品牌能高效匹配目标人群，精准投放广告。

渠道不再是制胜神话

很长一段时间里，渠道在品牌大战中都能左右局面，所谓得渠道者得天下说的就是这个道理。早年王老吉和加多宝的商标之争中，加多宝失去苦心经营多年的“王老吉”品牌后，以渠道优势成功发起反击，扳回一局。你应该遇到过这样的场景：在餐馆里吃饭，有人喊：“服务员，来一罐王老吉！”服务员却拿来一罐加多宝，但顾客完全不在意。其实很多人并不了解王老吉和加多宝的区别，在这样的背景下，渠道的作用举重若轻。

加入渠道大战的还有周鸿祎的 360 与李彦宏的百度。几年前，360 推出综合搜索，迅速占有了 10% 的市场份额，百度股价出现大幅下跌，从每股 133 美元下降至每股 110 美元。360 的综合搜索之所以让投资者如此看好、让百度如此担忧，主要是因为其通过 360 杀毒软件将自己的浏览器装到了千家万户的电脑上，并在 360 浏览器上推荐用户将 360 综合搜索设置为默认页面。这样自然能很快抢占市场，也反映了渠道的优势。

京东为什么能打败昔日老大苏宁、国美，成为电器电商新霸主？自建物流渠道发挥了重要作用。凭借口号“多快好省上京东”和“今日购今日达”，京东曾以主体渠道与线下家电实体店二分天下。在京东创立之初，电商网购渠道成为家电零售业的增长主力。

再来看几个例子。

三星曾在中国手机市场享有极高的占有率。2013 年左右，其在中国的市场份额达到 28% ～ 30%。但因为三星的压货问题严重，引起了渠道商的不满，其中苏宁等大零售商受到的影响最严重，一些大渠道商拒绝继续进货。到了 2014 年，一直依赖渠道的三星销售量严重下滑，市场份额仅在 10% 左右，出货量只有 2013 年的 1/3 ～ 1/2。

越来越多的人认为，快速消费品巨头的衰落在于过度依赖渠道。多年来，传统快消品巨头宝洁、联合利华都在打渠道战——雇佣更多的促销人员，租赁更大的超市货架，做更多种类的广告，来保证渠道垄断。这样做基于更多的门店覆盖、更深的渠道能保证购物的便利性。但如今因为互联网的崛起、信息源的丰富，资源垄断被打破，新的平衡开始建立，过度依赖渠道的品牌必将死路一条。

2012 年，安踏体育不得不关闭了亏损的 1 000 家店铺，创始人丁世忠分析，“不是商品不好，而是传统的品牌批发模式出了问题”。这种代理分销的模式曾在 2000 年时拯救了安踏，后来却又扯了安踏的后腿。

渠道商常常会向品牌制造商提一些不合理的要求，甚至会直接伤害品牌形象，所以渠道会让企业品牌形象越来越模糊，削弱品牌形象的传播效果。一般的制造商不可能永远依靠渠道，也很少有人能像京东那样花大钱费大力气自建单一渠道，因为将来必将是生产严重过剩的时代。所以，即使渠道建立是品牌打造初期的有力法宝，但自始至终过度依赖渠道的品牌将在未来十年退出历史舞台。甚至因为消费模式转型，我们看到有些品牌从建立之初就是摒弃渠道的。小米手机用品牌完成了对渠道的逆袭。在完全不建立渠道的情况下，雷军通过互联网的炒作积聚了一帮志同道合者，做出小米手机，并实现了火爆的销售。

品质是通向王座的阶梯

最近几年有了个新词——品质型消费。随着中产阶层的崛起，消费者对商品的需求逐渐从功能满足到高品质的功能满足，再到物质与精神共同的需求满足。品牌商只有了解这些需求背后的真正动机，才能为消费者提供真正“踩上点”的产品。

中国自古就有一种名叫猕猴桃的野果，但并没有发挥出多大的经济价值。1904 年一位新西兰人将它从宜昌带入新西兰，更名为奇异果。如今我们可以看到：2017 年，新西兰的佳沛奇异果在中国的销售额超过 5 亿新西兰元（约合人民币 22 亿元），比上一年增长 17.4%。

佳沛奇异果的价格并不便宜，京东平台上的销售售价在每个 8 ～ 12 元，而传统的国产猕猴桃价格在每个 1 ～ 2 元，存在巨大的差异。这种差异是如何造成的呢？第一，来源于佳沛持之以恒的品质提升。佳沛组建了独立的技术研究院，与新加坡政府合作，建立了 10 万品类的奇异果种子库，每年投入上百万美元作为研发经费，根据市场的偏好改良奇异果的口味、外观和营养成分，开发出口感差异明显的多个品种，持续在甜度、多汁等维度上进行口感优化提升。如佳沛曾将原先口味偏酸的绿色奇异果改良为口味偏甜的黄金奇异果，受到消费者的欢迎。

在对品种改良的同时，佳沛对种植环节实施全程精益化管理，在意大利、法国、日本、韩国、中国等国家建立种植基地，输出选入标准及操作规范，建立监督体系，进行测土管理、病害防治、枝条修剪、成熟采摘等技术支持，保证了奇异果的高品质和稳定性。

在品牌方面，佳沛首选将品类定位于奇异果，而非猕猴桃，差异化的品类定位隔绝了价格竞争对手，同时也当仁不让地把自己塑造成了一个高品质生活代表，以具备购买能力的年轻白领女性为核心，打造国际的、新鲜的、绿色的、时尚的品牌形象。佳沛签约袁泉、王珞丹、吴尊等人做品牌形象大使，而这些明星都呈现了正面、健康、积极的个人形象，通过软文、海报、视频、事件、活动等一系列宣传手段，进行品牌宣传。

“消费需求 + 消费能力 = 购买决策”是经济学的重要公式。因为近年来中国消费者的收入水平和消费能力显著增长，品质消费需求逐渐增长，品质消费人群的规模逐渐扩大。在传统经济时代，消费者只认便宜的，而在符号型消费中，顾客只买贵的。品质消费居于这两者之中，只买对的。

品质型消费主体对于产品的需求不仅仅停留在实用层面的高品质，越来越多的消费者，特别是年轻一代更注重个性化和多样化，追求精神层面的共鸣。可见，精神文化层面的品牌打造，也是品质型品牌需要关注的重要层面。

以汽车领域为例，如今以特斯拉为首的新能源汽车备受关注，为其埋单的是一群有足够消费实力、注重生活品质和品牌品质、有思想有主见、热衷环保、热爱新科学技术、拥有较高学历的中产阶层。这些人是中国消费人群中的中坚力量，而他们需要的是达到高品质与精神文化契合的品质型品牌。所以我们说，品质型品牌将生存更长的时间。

总之，坚守该坚守的，摒弃该摒弃的，不忘初心，与时俱进，砥砺前行，方能造就完美生态。

图书在版编目（CIP）数据

裂变 / 贾晓轩，张芊著．—北京：中国人民大学出版社，2019.5
ISBN 978-7-300-26630-5

Ⅰ. ①裂… Ⅱ. ①贾… ②张… Ⅲ. ①品牌－研究 Ⅳ. F272.3

中国版本图书馆 CIP 数据核字（2019）第 001040 号

裂变：未来品牌必修课
贾晓轩　张芊　著
Liebian：Weilai Pinpai Bixiuke

出版发行	中国人民大学出版社		
社　　址	北京中关村大街 31 号	邮政编码	100080
电　　话	010－62511242（总编室）		010－62511770（质管部）
	010－82501766（邮购部）		010－62514148（门市部）
	010－62515195（发行公司）		010－62515275（盗版举报）
网　　址	http://www.crup.com.cn		
	http://www.ttrnet.com（人大教研网）		
经　　销	新华书店		
印　　刷	北京联兴盛业印刷股份有限公司		
规　　格	148mm×210mm　32 开本	版　　次	2019 年 5 月第 1 版
印　　张	8.25 插页 2	印　　次	2020 年 3 月第 3 次印刷
字　　数	160 000	定　　价	55.00 元